Zhongguo Wenhua
Zhishi Duben

中国文化知识读本

惊现三星堆

主编 金开诚

编著 魏 舶

吉林出版集团有限责任公司

吉林文史出版社

图书在版编目（CIP）数据

惊现三星堆 / 魏舶编著. —— 长春：吉林出版集团
有限责任公司：吉林文史出版社，2009.12（2023.4重印）
（中国文化知识读本）
ISBN 978-7-5463-1579-9

Ⅰ. ①惊… Ⅱ. ①魏… Ⅲ. ①巴蜀文化－文化遗址－
简介 Ⅳ. ①K878

中国版本图书馆CIP数据核字(2009)第236864号

惊现三星堆

JINGXIAN SANXINGDUI

主编/金开诚　　编著/魏舶

项目负责/崔博华　责任编辑/曹恒 崔博华

责任校对/梁丹丹　装帧设计/曹恒

出版发行/吉林出版集团有限责任公司　吉林文史出版社

地址/长春市福祉大路5788号　邮编/130000

印刷/天津市天玺印务有限公司

版次/2009年12月第1版　印次/2023年4月第3次印刷

开本/660mm×915mm　1/16

印张/8　字数/30千

书号/ISBN 978-7-5463-1579-9

定价/34.80元

前 言

　　文化是一种社会现象，是人类物质文明和精神文明有机融合的产物；同时又是一种历史现象，是社会的历史沉积。当今世界，随着经济全球化进程的加快，人们也越来越重视本民族的文化。我们只有加强对本民族文化的继承和创新，才能更好地弘扬民族精神，增强民族凝聚力。历史经验告诉我们，任何一个民族要想屹立于世界民族之林，必须具有自尊、自信、自强的民族意识。文化是维系一个民族生存和发展的强大动力。一个民族的存在依赖文化，文化的解体就是一个民族的消亡。

　　随着我国综合国力的日益强大，广大民众对重塑民族自尊心和自豪感的愿望日益迫切。作为民族大家庭中的一员，将源远流长、博大精深的中国文化继承并传播给广大群众，特别是青年一代，是我们出版人义不容辞的责任。

　　本套丛书是由吉林文史出版社和吉林出版集团有限责任公司组织国内知名专家学者编写的一套旨在传播中华五千年优秀传统文化，提高全民文化修养的大型知识读本。该书在深入挖掘和整理中华优秀传统文化成果的同时，结合社会发展，注入了时代精神。书中优美生动的文字、简明通俗的语言、图文并茂的形式，把中国文化中的物态文化、制度文化、行为文化、精神文化等知识要点全面展示给读者。点点滴滴的文化知识仿佛颗颗繁星，组成了灿烂辉煌的中国文化的天穹。

　　希望本书能为弘扬中华五千年优秀传统文化、增强各民族团结、构建社会主义和谐社会尽一份绵薄之力，也坚信我们的中华民族一定能够早日实现伟大复兴！

目录

一、尘封的古文明 · 001

二、考古大发现 · 017

三、三星堆瑰宝 · 035

四、三星堆魅力 · 061

五、千古未解之谜 · 083

一、尘封的古文明

三星堆博物馆正门

（一）广汉三星堆

三星堆地处川西平原北部广汉境内，南距成都三十八公里，北距德阳二十六公里，广汉市三星堆村，其北临近沱江支流湔江（俗称鸭子河），村西南有古马牧河盘桓流过。在三星堆村之南，马牧河南岸有三个呈圆丘状的黄土堆，长约两三百米，在广袤的平原上分外显眼，远远望去犹如在一条直线上分布的三颗星星，因此得名"三星堆"。相传是玉皇大帝从天上洒下了三把土，落在了湔江边上，化作这三颗星。后来经过考古人员的挖掘，探明这三个土堆其实为黄土堆砌夯筑而成，起初人们认为是古城墙的残余，因时间久远，古城墙的墙体坍塌形成两个缺口，就形成了三个黄土堆的样子。但随着考古发掘地进一步展开，在南边发现了南城墙遗址，因此大多数学者认为三星堆是古城里的祭坛。不管学术界如何去认定这三个黄土堆的历史作用，在当地的百姓中，三星堆已成了这个村庄的名字。

在马牧河的北岸，与三星堆相望有一处高出周围的弧形台地，因其两头尖，中间弯，如同一弯新月，于是被赋予了一个美丽的名字——月亮湾。当地人把这两处合称"三星伴月"，被视为"风水宝地"编入《汉州志》中，誉为"汉州八景"之一。正是这"风水宝地"

三星堆遗址正门

在沉睡了数千年之后幽幽醒来，把一段将被遗忘的文明展现在世人眼前，引起世界的震惊。

（二）文明的确认

三星堆古遗址分布面积为十二平方公里，距今已有三千至五千年历史，是迄今在西南地区发现的范围最大、延续时间最长、文化内涵最丰富的古城、古国、古蜀文化遗址。现有保存最完整的东、西、南城墙和月亮湾内城墙。三星堆古遗址被称为20世纪人类最伟大的考古发现之一，昭示了长江流域与黄河流域一样，同属中华文明的母体，被誉为"长江文明之源"。而就是这个有着极高价值的三星堆遗址在发现

三星堆文化是中华文明最古老的源流之一

初期却充满着偶然和传奇。

1929 年春，家住月亮湾附近的农民燕道诚在宅旁的水沟中以龙骨车提水灌溉田地。因水流小，燕家人准备将水沟淘深些，不料在挖土时，只听"砰"的一声，好像被深埋在地下的某种硬物所阻。扒开土层一看，地下出现了一个白色的石环，掀开石环后，燕家人被眼前的一切惊得目瞪口呆，坑里是一堆色彩斑斓的玉石器。于是燕家人不敢声张，随即掩埋起来。到了半夜，一家老小才出动把这坑玉石器取回家中。

其后一两年间，燕道诚在附近又陆续做了一些发掘，但再无收获。因当时坑挖得太

三星堆博物馆内景

三星堆文物展览馆展品

深，燕家父子曾得了一场大病，他们以为这是触犯了"风水宝地"之故，于是不敢再挖。同时抱着"去财消灾"的心理，将这些意外之财除自留部分外，多数都分送给亲朋邻居。随着这批玉石器的分送，燕家在月亮湾挖到大批玉器的消息不胫而走。从而引起一些有心人和学者的注意，当时在广汉传教的一个叫董笃宜的英国牧师，在农家院落偶尔听到当地人关于燕家玉器的闲谈，当即留心。他虽不是一个考古学者，对古蜀历史也没有什么研究，但他确认这批玉器很有科学价值，于是找到平时与他过从甚密的当地驻军陶宗伯旅长，希望"做必要

三星堆太阳图腾

的宣传，尽快寻回失散器物，以便把它们保存下来"。陶旅长尽管对文物所知不多，但对此事仍然十分支持。几天后，即派遣属下从燕家借得五件玉石器，交给董笃宜。董笃宜拿到器物就匆匆赶往成都，请在华西协合大学任教的美籍教授、地质学家戴谦和鉴定。1933 年，葛维汉最早提出了在广汉玉石器出土地点进行调查和发掘的构想。1934 年 3 月 1 日，葛维汉、林名均等抵达广汉，但广汉地方官员罗雨苍已经抢先雇人开始挖掘了。葛维汉向他说明非科学发掘的危害及由此将造成不可挽回的损失，罗雨苍遂命令停工，改由葛维汉负责指导发掘，华西协合大学博物馆馆员林名均协助田野工作。因当时治安十分混乱，发掘只进行了十天就匆匆结束。但发掘却有较为丰富的收获，发现了一些精致的玉石器，还出土了许多残块和破碎的陶片，所获各种玉、石、陶器共计六百多件，其中的玉石器与燕道诚五年前发现的基本一致。罗雨苍把这些文物赠与华西协合大学博物馆。经过这次发掘，"汉州遗址"开始引起学者的重视。葛维汉整理出《汉州发掘简报》，在这份简报中除了介绍发掘经过和出土器物的各种形态外，还提出了一些分析看法，比如认为发掘的这个遗址是个墓坑，出土的器物都为随葬物品；同时对"广汉文化"的时代提出了下限西周初期，

三星堆出土了大量样式各异的玉石器

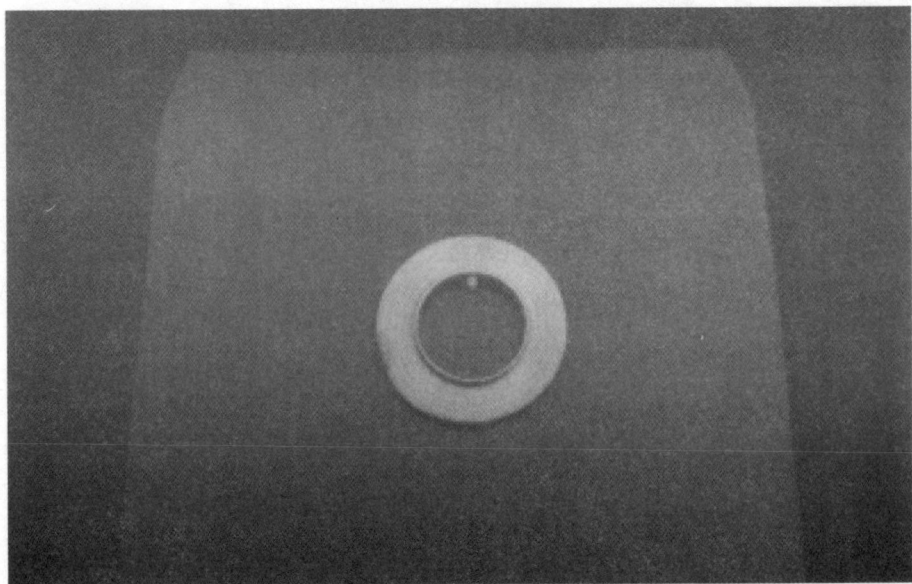

三星堆出土的玉石

上限为金石并用时代的看法。在当时发掘并未全面，器物并不丰富，同时未引进碳十四测定等科学手段的前提下，无疑是很有见地的。

1953 年，因修建铁路冯汉骥专程去月亮湾调查。1955 年王家祐与江甸潮二人再赴月亮湾、三星堆进行考古调查，首次在三星堆发现大片遗址。1958 年，王家祐和江甸潮又赴广汉，在月亮湾至三星堆一带做了整整一个月的调查、勘测和试挖掘。这次调查和试掘有重要的收获，即发现三星堆遗址与月亮湾遗址的文化层内涵完全一致。初步认定这

三星堆出土的陶罐

两处遗址的年代相当于殷商时期。1963年，由冯汉骥教授领队，四川省博物馆、四川大学历史系组成联合考古发掘队，开进月亮湾。发掘了四十多天，发掘面积达五十多平方米。这以后，又陆续有些发现。20世纪80年代初，由于当地砖瓦窑迅速发展，村民取土烧砖，导致三星堆和月亮湾一带大片文化遗址被挖掘摧毁。1980年春，南兴镇一砖厂在三星堆坡地取土时，在地下挖出了石器和大量的陶片。当地文化馆干部敖天照当即将情况向四川省文管会报告。之后，四川省博物馆王有鹏与广汉县文化馆人员来到三星堆考察，并进行了试挖掘，出土了一批石器和陶器。同年10月，四

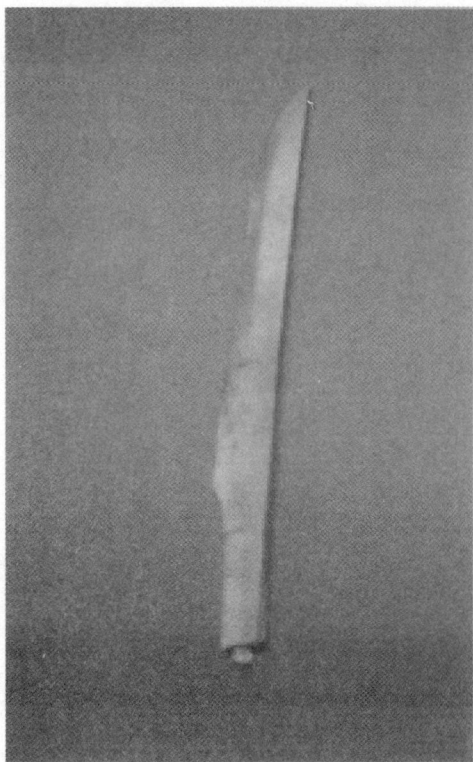

三星堆出土的玉刀

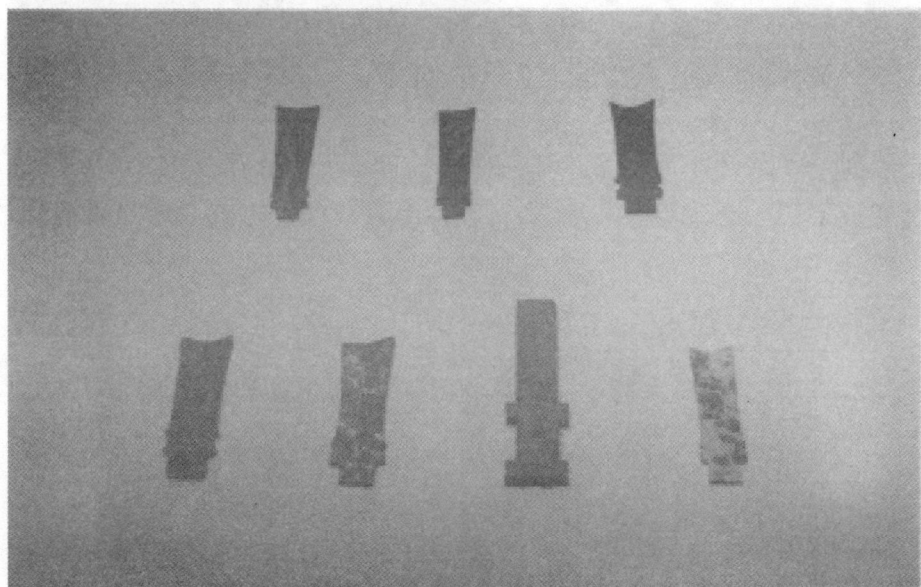

三星堆文物精品展示

青铜文化特点始终占据着三星堆
文化的主导地位

三星堆出土的陶罐

陶制小平罐

川省博物馆田野考古队经过数月的准备，对三星堆遗址开始了面积为一千二百平方米的大规模考古发掘。这次发掘地点主要在三星堆中部东侧。田野工作一直持续到翌年5月。考古人员后来将这一发掘点编为三星堆遗址的第三发掘区。此次发掘，发现房屋遗址十八座、灰坑三个、墓葬四座、玉石器一百一十多件、陶器七十余件及十万余片陶片。发掘期间，考古人员一并对遗址进行了全面调查，提出在三星堆东、西、南面笔直走向的土埂是人工叠筑而成，可能是遗址内的城墙的大胆推测。这一推测也为后来的正式发掘所证实。这次的发掘报告，以《广汉三星堆遗址》为题,发表在《考古学报》上,里面第一次明确提到了关于三星堆文化命名的问题。发掘者认为,通过这一次发掘,进一步了解了三星堆遗址古文化的基本面貌,它是"一种在四川地区分布较广的、具有鲜明特征的、有别于其他任何考古学文化的一种古文化"。发掘者认为给这种特殊的古文化赋予一个名称的条件已经具备。他们建议将这种古文化命名为"三星堆文化"。继这次发掘之后,四川考古工作者紧接着在1982年、1984年至1986年连续五次对三星堆等地的重要遗存进行发掘。1986年3月至6月进行了一次大规模的发掘,这是自1980年以来,历史上最大规模的三星堆遗址考古发掘。发掘以当时残存的半个"三星堆"

三星堆出土的石兽像

三星堆出土的器具

为基准，进行网状布方。共发掘出九座房屋遗址、一百零一个灰坑、十多万片陶片和五百余件铜、陶、玉、石、漆器等。出土的陶器，有类似中原出土的陶盉、陶豆，又有具地方特色的小平底器陶罐、陶瓮、陶壶，还有制作精美的炊具、饮具和酒器。其中十多件制作精致的鸟头把勺，特别引人瞩目。

发掘证明，三星堆和月亮湾方圆六千平方米内出土的文物和房屋遗址的特征相同，它们应是古蜀文化遗址的两个有机组

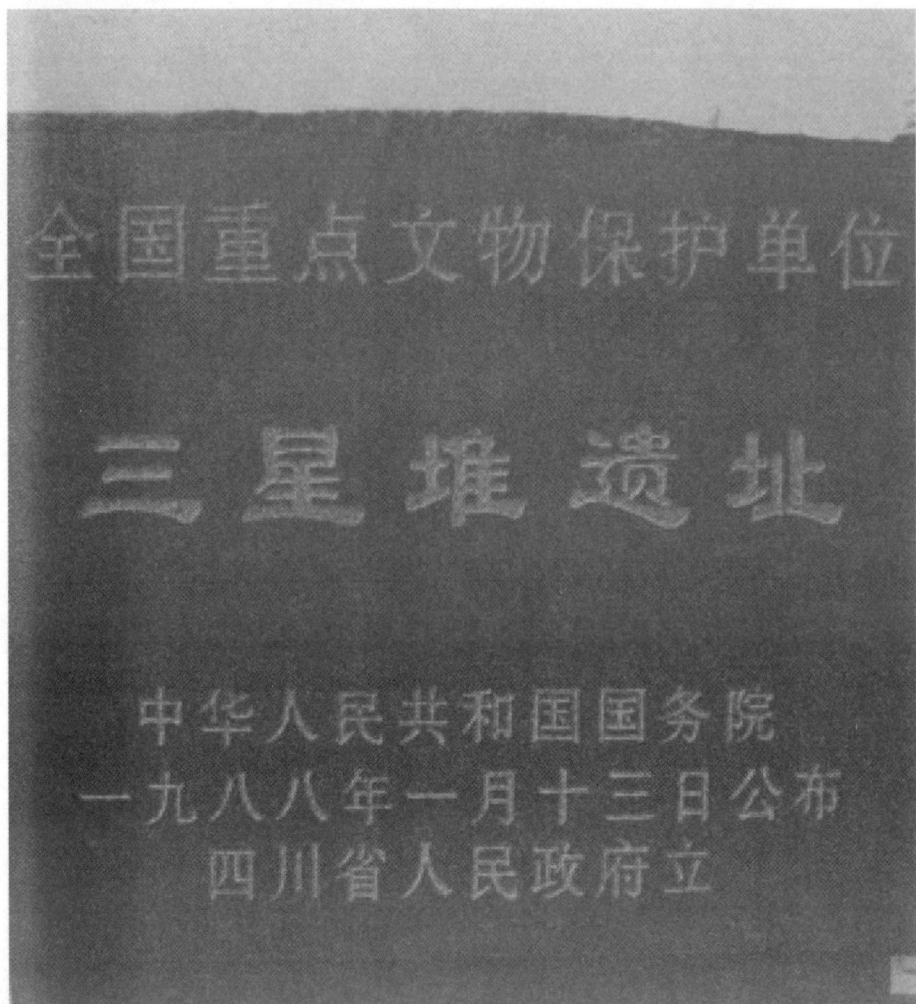

全国重点文物保护单位

三星堆遗址

中华人民共和国国务院
一九八八年一月十三日公布
四川省人民政府立

三星堆遗址属全国重点文物保护
单位

成部分。位于鸭子河与马牧河畔的三星堆——月亮湾古遗址，是长江上游成都平原上最为引人瞩目的大型遗址群。为研究早期蜀文化建立了科学的分期标尺。看到这些文物就看到了巴蜀文化。

二、考古大发现

三星堆博物馆

（一）重大发现

对于四川乃至中国考古界来说，1986年都是一个特殊的年份。这一年夏天，在三星堆遗址发现并发掘了两座最主要的祭祀坑遗迹，其规模之大、出土物数量之多、种类之繁、品质之精、内涵之深，为巴蜀文化遗存所仅见。

1986年7月18日上午，从三星堆土埂南面的南兴二砖厂挖土工地上，传来令人振奋的消息，在这个取土断面下方，暴露出玉戈、玉璋等精美的玉石器十余件，并露出经火烧过泛白的碎骨渣。当时正驻扎在砖厂忙于清理文物标本的考古人员闻讯立即赶到现场。当看到在盛夏骄阳下闪烁着熠熠光辉的玉石器时，大家都惊呆了。考古人员随即封闭了这个地点，报告有关部门，并很快找来席子、竹竿和塑料布搭起棚子，准备进行发掘。

面对这一重要发现，考古人员亟需对其埋葬性质和范围做出判断，以便制定发掘方案。由于对1929年燕家偶然发现的玉石坑的埋藏情况和地层依据无从知晓，对后来考古人员推断那批玉石器的出土情况造成困难，因而在其年代认定上众说纷纭，或云新石器晚期至商代，或云春秋时代，莫衷一是。而这次考古人员目睹出土情况，挖掘的仅是一角，坑上叠压的厚厚的文化层还完好无损，这正是弄清三星堆遗址玉石器年代的绝好机会。于是考古人员决定采用探方法，由上往下、由晚至早地进行发掘。至7月24日，探方内的文化层已经清理完毕，暴露出坑内和坑道的夯土。黄色的生土和棕红、棕褐、浅黄、灰白相间的五花夯土以及文化层以下的原生土区分界线十分明显。由于夯土十分坚硬，清理起来特别费劲。民工们纷纷议论，当时为什么夯筑得这么紧呢？里面一定藏有不少宝物，夯得紧就是怕有人把宝物挖出来。

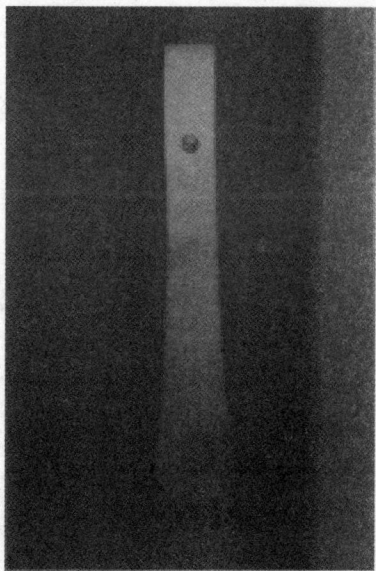

玉斤

各种臆测为发掘工作平添了几分神秘色彩。

7月25日下午，还未等夯土清理完毕，坑东南经火烧得泛白的骨渣堆顶部已经暴露出来。骨渣表面还放有陶尖底盏、陶器座、铜戈、铜瑗以及玉器残块。奇怪的是，这些器物均被火烧过，玉石器呈鸡骨白色，铜戈多数已灼烧变形呈卷曲状，有的已经熔毁。泛白的骨渣很细碎，无一整块。熟知历史的考古人员从这一信息中立即得出结论，这是祭祀坑，不是墓葬。新发现的种种迹象表明，这些骨渣是古蜀人在祭祀过程中采用了"柳"（即将牺牲用棍棒槌死砸烂）、"肆"（即肢解牺牲）、"燔祭"（即将牺牲杀死肢解后放在火上燔烧）等一系列仪式而形成的。

三星堆博物馆第一展馆

头戴平顶帽，垂着长发辫的青铜头像

　　7月26日，坑底低处的夯土已经大致清理完毕。这一带骨渣堆积不厚，铜龙虎尊、铜盘、铜器盖等具有商代前期风格的铜器渐次出土，考古人员的发掘情绪也因此逐渐高涨。更让人激动的是，一个面容温和、慈祥端正、颇具写实作风的青铜头像在沉睡数千年之后，在考古人员手铲下再次重见天日。紧接着，头戴平顶帽、垂着长发辫和头戴双三尖角头盔、蒙着面罩的多件青铜雕像也陆续出现在考古人员面前。面对这些神奇瑰丽

三星堆出土的青铜头像

的文物，考古人员犹如进入了神话般的世界。

8月14日傍晚，考古队员们将这个祭祀坑（此坑后来被编为一号祭祀坑）回填完毕，在带着如此多的重大发现即将返回驻地时，又一个惊人的消息使他们刚平静下来的心情再次激动起来，在这个祭祀坑东南约二三十米处，砖厂工人取土时又挖出了铜头像。这使所有在场人员吃惊不已，人们奔向现场，又一处地下宝库被发现了（此坑后来被编为二号祭祀坑）。祭祀坑东南角首先暴露出一个大型兽面像的下颌缘，因其倒置于坑角，高过埋入坑内的所有器物而首先冲出地面。紧接着，一根、两根、三根……有数十根象牙纵横交错、密密实实地展现在考古人员面前，简直无从下手发掘。民工们只好蹲在坑上搭起的木板上，下探着身体，小心翼翼地用竹签清理象牙缝隙中的泥土，考古人员则俯卧在木板上测绘出象牙分布图。在象牙层下面，满坑的珍宝令人目不暇接。有高大、繁缛、精美的青铜尊、罍，形态各异的青铜人头像，大小不等的人面像，眼睛外突的"纵目"兽面像，身躯断裂的青铜立人，黄金面罩，铜树，以及莹润的玉环、玉璧、玉珠、玉璋等玉石器，犹如打开了古蜀国的宝库，满是奇珍，令人眩目。

（二）祭祀坑

三星堆出土了大量的象牙

三星堆出土的玉器

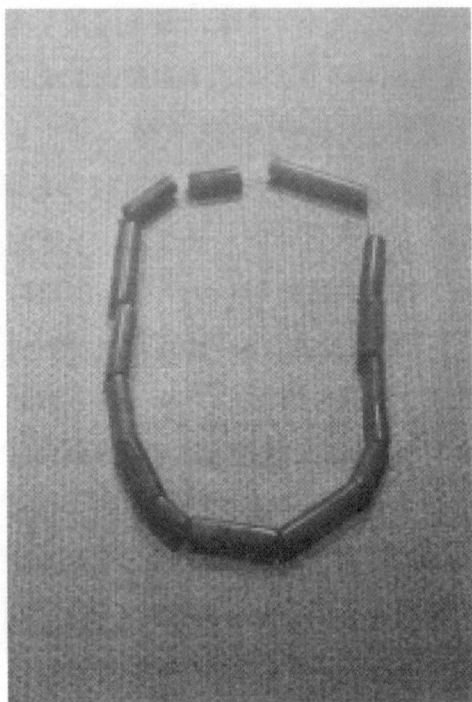

三星堆出土的玉石

三星堆出土的青铜器具

这两个祭祀坑从外观上看，是再普通不过的土坑而已。外形都是长方形，口大底小，很像考古发掘中常见的墓坑。面积也都不大，二号坑位于一号坑之南，相距二三十米，比一号坑略为窄长一些。相同之处是，坑内均用五花夯土回填，层层夯实，十分板结。谁能想到，这两个看似不起眼的土坑里面，竟然埋藏了这么多文化含量极高的古蜀文化珍品。

一号祭祀坑是先发掘的，坑中出土物最吸引人的是那根熠熠发光的金皮杖，关于这根金皮杖究竟是权杖还是巫师所用的法杖，后来还引发了一场争论。其他金器还有金面

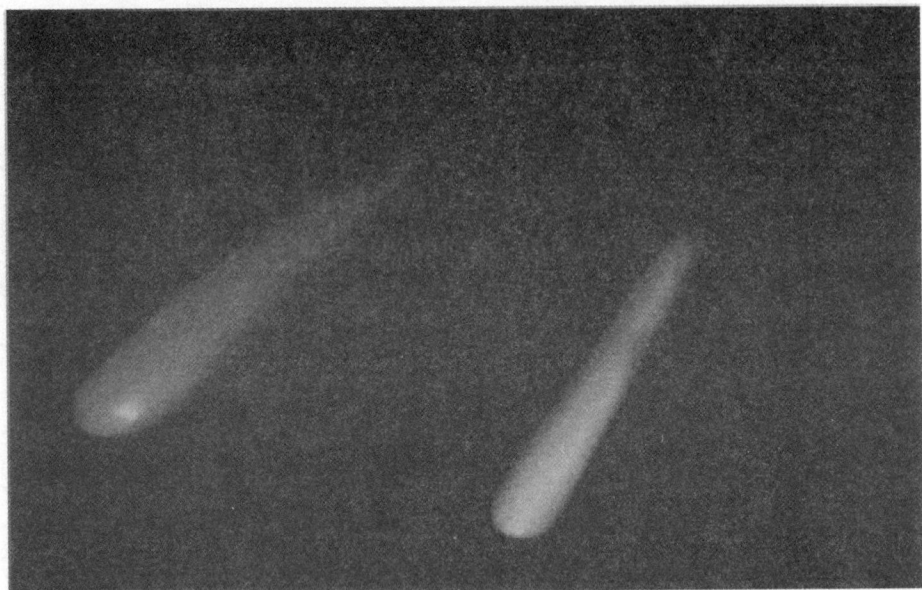

三星堆文物

罩、金箔虎形器、金料块等。青铜器品类也相当丰富，有人头像、跪坐人像、人面像、龙柱形器、龙形饰、虎形饰、龙虎尊等等，有些器形还是两个祭祀坑中都有的。玉石器种类也不少，有璋、戈、剑、佩、斧、凿、斤、璧、瑗等，另外还出土了尖底盏、平底盘、器座等陶器，一些海贝和十余根象牙。值得注意的是，坑中还埋藏了约三平方米的烧骨碎渣。

根据发掘过程可以发现，这些文物及烧骨碎渣是由土坑一侧呈坡状放入坑内的。虽然这些器物在坑中分布比较杂乱，看不出什么规律，但从各种器物相互叠压的情况来分析，可知最初埋藏时是按一定次序将这些器物放入的。发

三星堆出土的青铜戈

掘者推测最先放入坑底的是玉石器，然后依次放入金皮杖和青铜人头像、青铜人面像、青铜罍、青铜尊等大型青铜器，再倒入碎骨渣，然后放置铜戈、铜瑗、陶尖底盏、陶器座等。

在发掘中，一个特殊现象引起了发掘者的注意。即所有器物在埋入土坑之前都经火烧过。如多数青铜人头像颈部都被烧成半熔化状向外卷起，青铜龙虎尊的口沿及腹部一侧已经熔化无存，铜戈、铜瑗也多数被导致烧变形，有几件还被烧熔粘连在一起，玉石器则多数被烧炸裂残缺，有的侧端已被烧成鸡骨白。此外，还有大量

的动物骨渣，更是被火焚的重要见证。从古代文献和甲骨文中的记载来看，在古代的确有过将祭品、祭器和牺牲放在火上烧燎的祭祀方式，称为"燎祭"。三星堆祭祀坑的发掘者在发掘的第一时间即将发现的这一遗迹现象与古代的"燎祭"联系到了一起，推测三星堆一号坑这种入坑前将器物、象牙和骨渣用火焚烧的做法，也是古代"燎祭"的遗迹。经科学检测，一号祭祀坑中的烧骨碎渣均为大型动物骨骼，不含人骨。这就进一步排除了坑为墓葬坑的说法。坑中出土的祭祀用品如此丰富，进一步推断当时所举行的并非一般性质的祭典，很有可能是数十年乃至上百年举行一次的盛大祭典，否则不可能有如此众多奢华、恢弘的祭祀品。

比起一号祭祀坑来，二号坑出土器物更为出众，出土金、铜、玉、石等各类文物总数约为四五百件，而且器物造型更为丰富。青铜器占其出土器物的大部分，除了一号坑曾经出土过的青铜跪坐人像、人头像、人面像、尊、戈、瑗外，另外还出土了高达2.64米的立人像，高3米的青铜神树，新出土的器物还有青铜兽面像、彝、

三星堆出土的青铜神树

三星堆出土的黄金面罩

罍、眼形器、眼泡、太阳形器、铃以及挂饰龙、蛇、鸟、鸡等。二号坑也出土了金器，有金叶、金璋、金面罩、金箔带；玉器有戈、璋、璧、环、瑷、凿、刀、斤、珠、管；此外还有数十支象牙和大量的海贝，真是琳琅满目。和一号坑的情况大致相同，二号坑出土的器物均经火烧过，但奇怪的是，在二号坑内没有发现烧骨渣，甚至连火烧的灰烬也很少见，另外，在这里未发现陶器。值得注意的是，青铜立人像、人面像、兽面像、铜罍、铜尊等大型铜器，除经过火烧外，还被人为有意识地毁坏。另一个值得注意的现象是，这些文物原来多数都经过彩绘或朱漆。如铜头像、铜人面像等的眼眶、眉毛都经描黛色或蓝色；口部、鼻孔、耳垂孔都涂朱色；铜罍、铜尊的兽面纹饰上也有涂过朱色的。还有，如铜头像发辫上端铸造的捆扎宽带上，也绘有数条蓝色平行线纹饰。眼球上绘回字纹，骨珠上绘云雷纹，可惜在掩埋过程中，大部分彩绘已经脱落。在青铜人面像、眼形器、太阳形器等铜器上还铸有安装用的穿孔，由此看来，这些器物应当是一些与其他器物配合使用的附件。它们原来应属于庙坛用器，基于某些原因，被砸烂后待之以祭祀的礼仪并加以谨慎处理后，埋入坑内。

三星堆出土的青铜人头像

一号、二号坑的发现给我们展现了一段鲜为人知的古蜀文明，同时也为考古学者留下了非常广泛的研究空间。对于"祭祀坑"这一说法所涉及到的祭祀的对象和方式等问题，学者也有着不同的意见。一说是为祭天、地、山川，认为两坑是古蜀人以燔燎、瘞埋、血祭等方式组成合祭，来祭祀天、地、山川并迎神驱鬼的活动遗存。另一说法是仅仅祭天而不包括其他自然神祇。关于这两个坑的定性问题，另外

青铜太阳轮形器恐怕是三星堆出土文物中最具神秘色彩的器物

三星堆出土的人面像

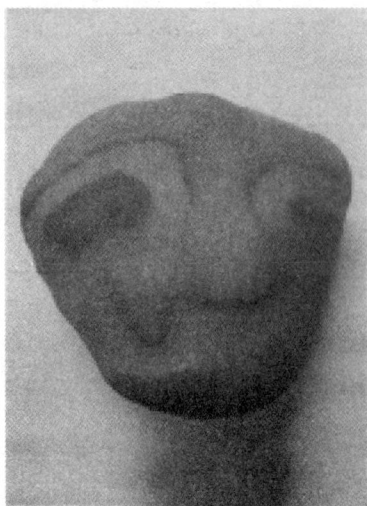

还有几种代表性的看法：不祥宝物掩埋坑说，亡国宝器掩埋坑说，窖藏说，失灵神物掩埋坑说，盟誓遗迹说，蜀王大墓说，封禅遗迹说等等。由于没有明确的文献记载作为佐证，关于三星堆两个器物坑的性质的争论迄今仍未停止。综合来看，关于祭祀坑说也存在不少疑点和不尽合理之处，但较之其他诸说则更具说服力。这些争论同时也反映了三星堆文明内涵之丰富多彩。

三、三星堆瑰宝

（一）玉石文化

三星堆最早为世人所瞩目就是因为石之精——玉石器的发现，从而拉开了长达半个多世纪的发掘研究工作，经过多年来的发掘，在三星堆遗址出土的玉石器迄今已超过一千件。在 1986 年发现的两个祭祀坑中，玉石器也占了绝大多数。一号坑所出土的玉石器，按其形制分为礼器、仪仗、武器工具三类；二号坑所出土的玉石器则分为礼器、仪仗、武器工具、饰品以及绿松石等几类。玉石器中，礼器出土的数量最多，计有玉璋、玉琮、玉璧、玉瑗、玉环等；其次为玉戈、玉矛、玉剑、玉戚、玉斧、玉凿、玉锛、玉刀等武器工具；另外，还出土

三星堆文物

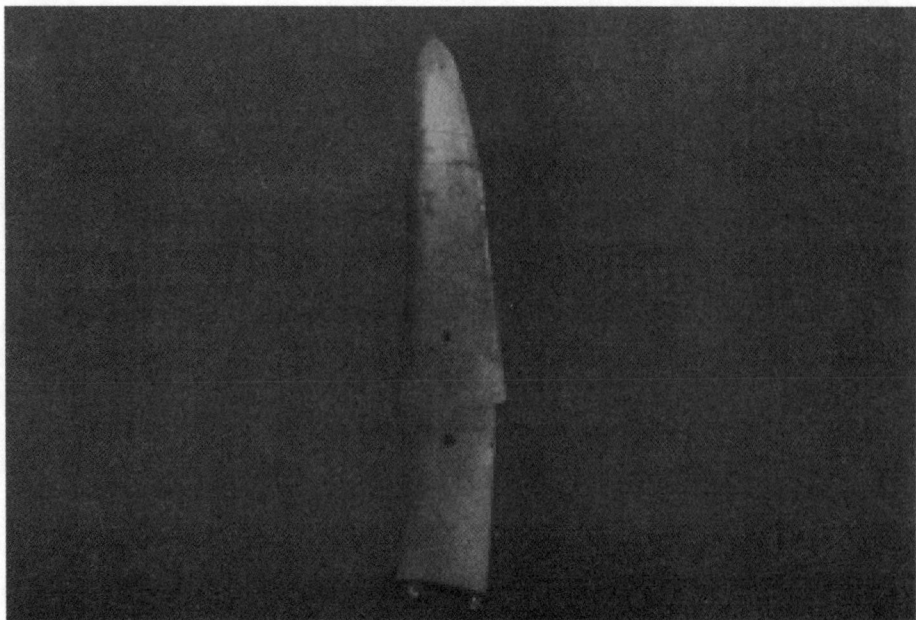

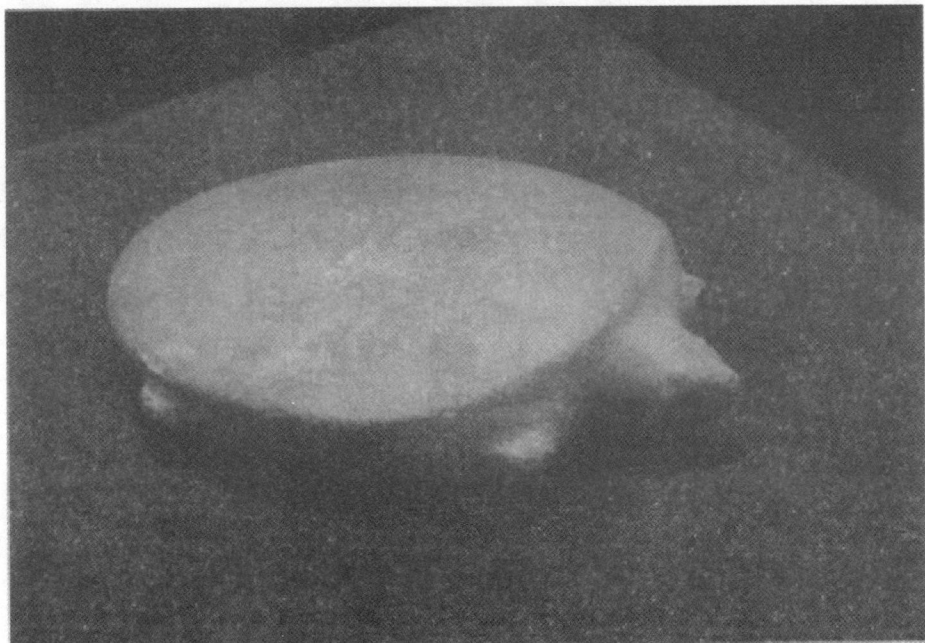

了玉珠、玉管、玉片、玉镯等饰品，以及石人、蛙、蟾蜍、龟、蛇等仿生雕刻艺术品。出土的这些制作工艺精致的玉石器，反映了当时古蜀国玉石作坊的发达程度。值得一提的是，这些玉石器绝大多数都与祭祀活动有关。

在出土的玉石礼器中，玉璋的数量和种类最多也最具特色，这表明，玉璋是古蜀国在祭祀活动中使用得最多的一种祭祀礼器，成为古蜀文化的一大特点。三星堆所出土的玉璋极具特色，既有射部呈斜刃口的中原玉璋，也有射部呈叉口刃、丫字形刃和整器呈平行四边形的蜀式玉璋。经发掘者整理，将三星堆出土的玉璋分为四种。第一种玉璋，整器呈平等四边形，两面扁平，两侧平直。两端有阴刻的平行线纹。一号坑出土了一件，残长 1.59 米，可能是目前所知最大的一件玉璋。第二种玉璋体扁薄，长条形器形，由射部（前端刃口）、饰（相当于戈阑部的齿饰）和邸（柄部）三部分组成。第三种玉璋是一种仿生礼器，射端由后向前突出，刃端作锋利的 V 形，两侧饰云雷纹。第四种玉璋前端呈鱼嘴状叉刃，一侧内弧，一侧内曲，射末两侧的缘饰为鸡冠状或似鱼鳍状，我们称其为鱼形璋。

璧、环、瑷也是三星堆出土较多的几种玉器。1929 年发现的玉石器坑中，就出土了大量的石

三星堆出土的玉璋

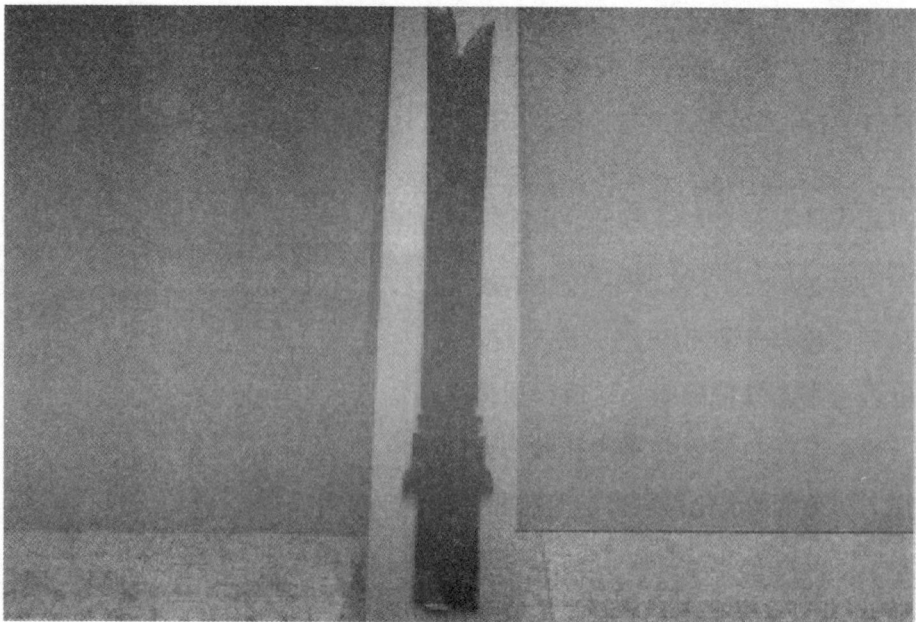

璧和玉璧。大者八十厘米，小点儿的也有十几厘米。应是用于祭祀天地山川的礼器。玉琮外方内圆，两端射部突出。三星堆遗址出土的玉琮，早期者器身方直，射部呈八棱形；稍晚者射部略高，圆射、钝圆尾角。1929年出土的一件玉琮侧面刻有三条平等线和两个类似人眼的圆圈，其形颇似分布在以太湖流域为中心的良渚文化玉琮上的兽面纹。这种玉琮不见于中原商代玉琮，很可能是蜀国玉工雕刻的，而参考的样板可能是良渚文化系统的玉琮。

在三星堆出土的玉石器中，玉戈也是重要的祭祀和礼仪用玉器。玉石戈形器既有与中原青铜文化系统类似的戈形玉器，也有其他文化

三星堆出土的玉琮

基本没有的阑部作双阑、其间有扉牙的类似于玉琮后部的戈形玉器。其中，在类似于玉琮的玉戈中有一种器型十分值得探究，这种器型仅见于一号坑，它前锋凹入的缺口较大，内刻飞鸟，颇富有三星堆文化的特点，除了在三星堆一号坑中出土外，就只在成都金沙村遗址中有发现。三星堆玉戈形器在三星堆王国的祭祀等礼仪活动中也具有重要的作用，它是天帝与人王之间传达彼此意志和意愿的中介物。

以三星堆祭祀坑为代表的，出土的古蜀国玉器，具有相当复杂而丰富的文化内涵。三星堆文化虽然不属于夏商周三代的中原青铜文化系统，但它的玉器却显然受到了中原文化乃至

三星堆一号祭祀坑

三星堆玉器

更远的长江中下游史前文化的深刻影响。三星堆玉器不仅数量众多，而且种类多样。这些不同形态的玉器来源不一定相同，既有古蜀人固有的玉器，也有中原的玉器和仿中原的玉器。有些玉器来源于中原地区，如玉斧、玉戈、玉钺等，它们是古蜀仿制的，还是直接或间接从中原传入的尚难定论。有的可能来源于长江下游地区良渚文化，但大量的则是古蜀人自己在仿造中融入了大量古蜀文化内涵的玉石器，如有的学者分析，三星堆遗址祭祀坑出土玉器中的斧、锛、凿、刀、斤、锄、匕、舌形器等不见于中原商代玉器，应

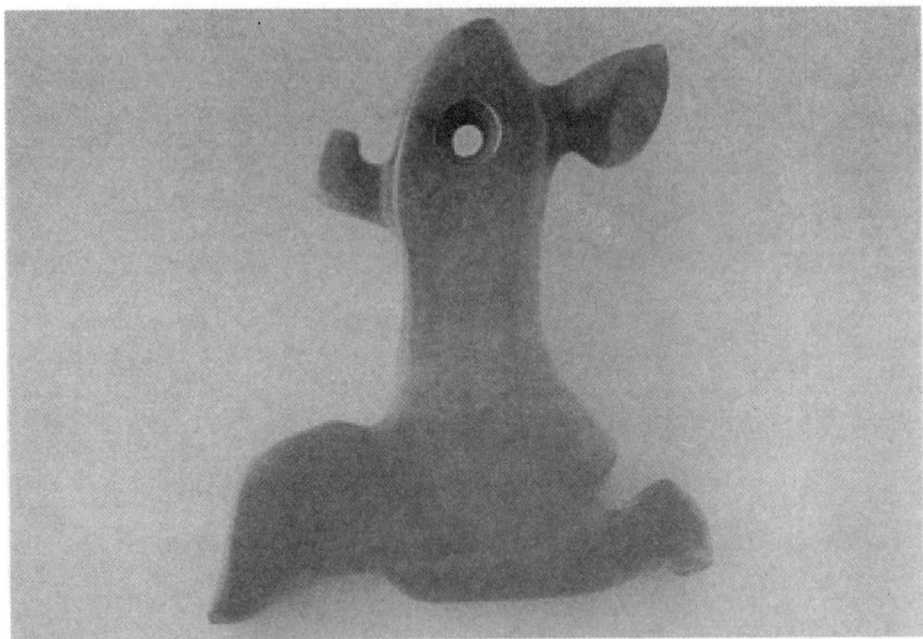

三星堆人形玉器

为古蜀人固有的玉器。这些玉器种类较为简单，多属于工具或武器等，装饰品不多。雕琢工艺方面保留着一些原始特点。如玉锛打成粗坯后，不经细琢即进行研磨，玉凿的横截面呈圆形或椭圆形，也是缺乏进一步加工的表现。凹字纹、有特点的云雷纹、阴刻人物、山岳、回字、透雕鸟纹等是古蜀人玉雕所独有的。三星堆玉器即使在仿制中原玉器的同时，也有自身的变化。如有些玉璋和玉戈，在形制、款式上就与中原风格不同。中原出土的商代玉璋有两个共同的显著特征，射部凹槽呈或浅或深的弧形，柄端两侧棱牙呈细密或稀疏的凸齿状。三星堆所出土的玉璋则是射部凹槽较多呈"V"字形，成为古蜀文化的特征。中原发现的商代晚期玉器中，尚未见有玉璋，就连出土数量最多和种类齐全的妇好墓玉器也没有玉璋。可见商代中、晚期，中原地区玉璋已极为罕见或已绝迹。因此有可能夏代或商代早期，中原玉璋传播到蜀地，一直流行到商代晚期。在此漫长的历史过程中，蜀国玉工不断仿造玉璋，并加入了古蜀文化的特征，形成了具有古蜀风格的蜀式玉璋。

　　古代对玉的使用最早大约出现在旧石器时代的晚期，但最终将玉从石中分离出来进行特定的加工则是在新石器时代。玉因其晶莹剔透、五彩斑斓，被视为山川精华，具有

三星堆出土的文物

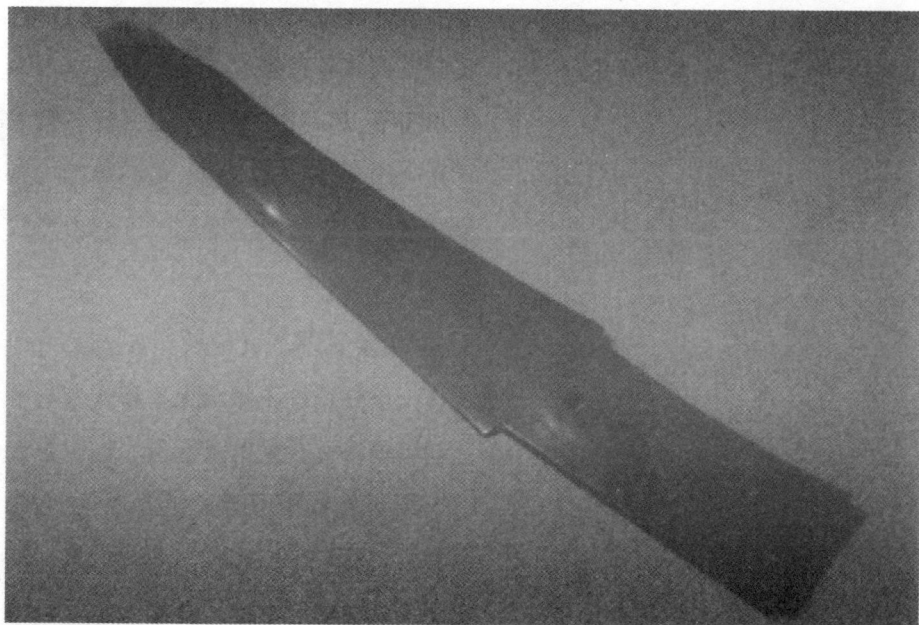

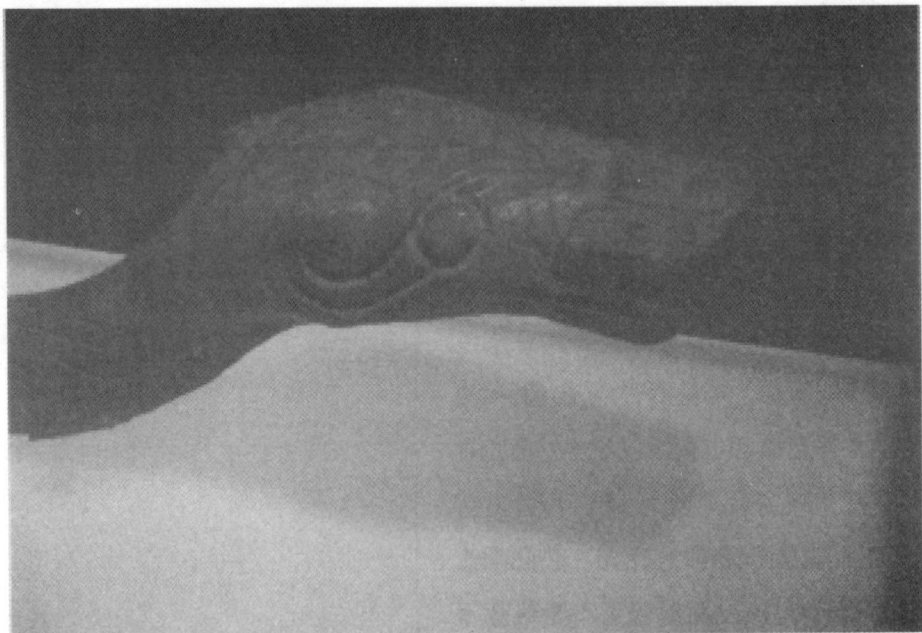

仿生蛇雕刻艺术品

山水的特性，因此被赋予了社会化、人格化的功能，在宗教祭祀礼仪以及人们日常生活中起着十分重要的作用。

（二）黄金艺术

三星堆遗址不但出土了样式各异并且充满着神秘色彩的玉石器，同时也出土了种类繁多、精美绝伦的金器。据古籍记载，古蜀地盛产黄金。三星堆的发现证实了这些记载，表明古代蜀人也是世界上最早开采和使用黄金的人类之一。

在三星堆一号、二号祭祀坑中出土的金器种类包括：金面罩铜头人像、金面罩、金皮杖、金虎、金叶、金鱼、金璋、金带、金料块等，共计一百余件。如此数量多、形体大、体量重的黄金制品，在考古发掘中是前所未有的。

三星堆祭祀坑出土的金器中，最富有特色、最值得称道的是一号坑的金杖。金杖长143厘米、直径2.3厘米、重近500克，是三星堆出土的金器中最大、最重的一件。金杖用纯金皮打造，出土时金皮已被压扁变形。但从金皮内侧遗存的木质朽痕来判断，可以推测金杖是以金皮在木杖上包卷而成。经整理，金皮展开的宽度达7.2厘米。最为珍贵的是，金杖上端有大约46厘米平雕而成的纹饰图案。通过观察并分析其制作工艺，大概是先将纯金锤锻成金皮后，修整成长条形，再雕刻出图案。图案采用双勾手法雕刻而成，共有三组：上面两组图案内容相同，每一组都是两支羽箭各穿过鸟颈射入鱼的头部。最下一组是两个前后对称的人头，人头戴五岐尖角冠，耳垂饰三角形耳坠。而关于金杖的性质，是争论得最多的问题。有人认为，金杖具有巫术性质，应是巫祝之类的人物所使用的法器"祭杖"或"魔杖"；也有人

三星堆金杖

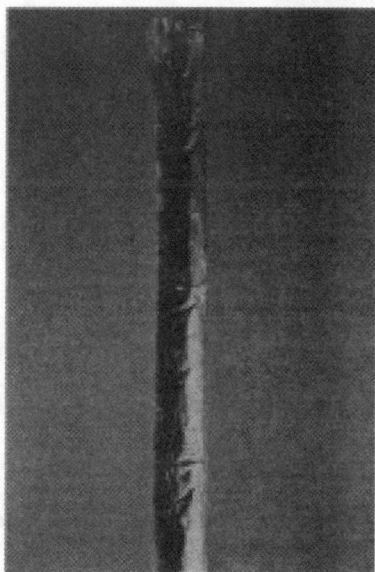

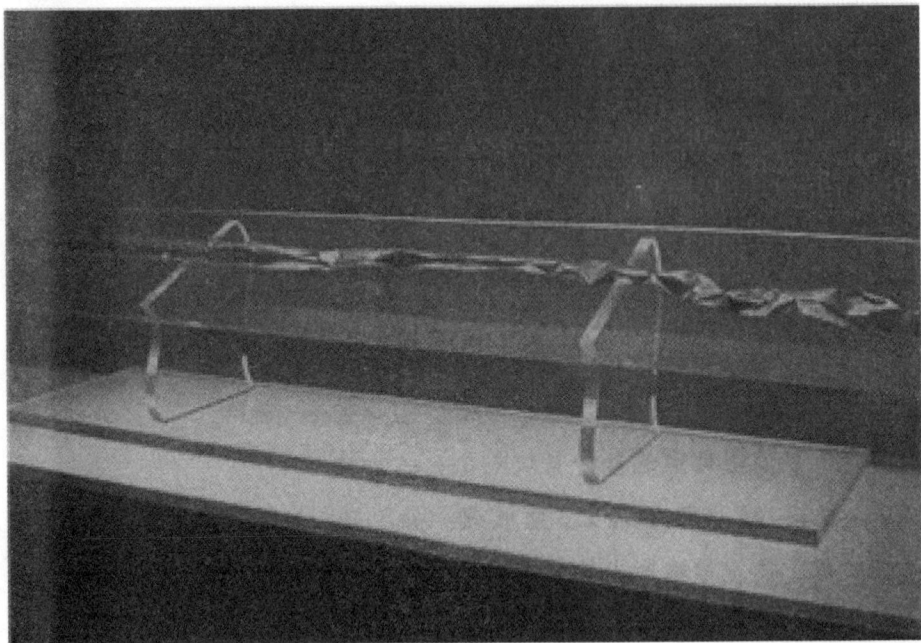

三星堆金杖

认为是一种图腾式的族徽标志，是由巫师法杖演变而来的象征古蜀国王权的权杖。前一种看法的依据是，从金杖图案的内容来看，显然其具有巫术性质。三星堆工作站站长陈德安等据此对金杖图案做出了新的解释："金杖上那鱼被箭射杀，鸟又连箭杆带鱼地驮负着成队飞来的图案，是蜀人根据顺势或模拟巫术的原理雕刻出来的一幅通过巫术而希翼捕鱼成功的渔猎祈祷图，当然其中也隐含着图腾崇拜的意味。"而另外一种看法认为金杖是权杖，这种看法较为普遍。按照《三星堆文化》中的论述："这柄金杖，由于它与大量青铜礼器、青铜人头像、

三星堆出土的黄金面罩

人面像、玉石器、象牙、海贝等巨大的物质财富同出一坑，也由于用杖象征权力是司空见惯的文化现象，因此人们很容易把它称为'王权杖'或直接简称'权'。"很明显，出土于一号坑的金杖实际上就是一柄标志着王权、神权和经济、社会财富垄断之权的权杖，为古蜀王国政权的最高象征物。

此外，黄金面罩是古代蜀人使用黄金制作的另一杰作。这些黄金面罩薄如蝉翼，异常稳妥地将整个铜头像的面部蒙住，上齐额头，下到嘴边，左右将耳朵也包藏在内，整个脸部只镂空眼睛和眉毛，使得头像在神秘之外又添加

三星堆被誉为世界"第九大奇迹"

了一种高贵。甚至可以说，古蜀文化内部本来就包含着一种高贵的气质，它虽然偏安一隅，但却绝没有"夷"或"蛮"的村野之气和小家子气，而是具有博大精深的文化情怀。从制作工艺上看，是先将纯金锤锻成金箔，然后做成与青铜人头像相似的轮廓，将双眉双眼掏空，再包贴在青铜人头像上，经锤拓、蹭拭、剔除、黏合等工序，最后制成与青铜人头像浑然一体的黄金面罩。金面铜人头像有圆顶和平顶两种。圆顶的金面铜人头像面部包贴的金面罩略成V形，上部左右两端成细长三角形，三尖角两端相连接套在后脑勺上以固定面罩。面罩将整个铜人头像的面部蒙得上齐额、下包颌、左右过耳。面罩面部凸起，双眉、双眼镂空，很是精美。平顶的金面铜人头像戴的金面罩呈长方形，形状和出土的铜人面具相同。它是在戴有铜面具的人像的面部再包贴一层金面罩，使人头像显得威武而神奇。

从三星堆青铜人头像上包贴金面罩的情况来看，早在商代，古蜀人就知道黄金为尊。所以他们才在青铜人头像上包贴金面罩，其目的并非仅仅为了美观，而是为了使神灵得到欢愉，以使青铜人头像代表的神灵更灵验些。

除了金杖和金面罩，祭祀坑中还出土了不少其他种类的金器。一号坑出土一件金虎，用

制作精美的黄金面罩

三星堆出土的面具

纯金皮捶拓而成，呈半圆状，可能原来是包贴在其他质料的虎形器上面的。金虎头昂起，口大张，前足伸，后足蹲，背部凹下，粗大的尾巴上卷，呈现奔跑一瞬间的姿态，通身压出虎斑纹，制作十分细腻。二号坑出土了金叶、金鱼和金璋，也是用纯金皮锤锻成金箔后再剪切成形。金叶上镏刻有十分规整、细如毫发的叶脉纹路。金叶、金鱼、金璋柄端都有一小孔，应是用于挂饰的。在二号坑还出土了一些宽如韭菜，包缠小青铜树枝的金带。假如这些金叶、金鱼及金璋都是挂在这金带缠绕的小青铜树枝上，可以设想，这棵青铜树将是何等的金光闪烁。

（三）青铜光芒

三星堆出土的青铜器达五百余件，尤以造型各异的大批青铜立人像、人面像、兽面像以及铜树为代表，形成了三星堆青铜雕像群。迄今为止，这是我国发掘数量最多、形体最大的青铜雕像群。这些青铜像铸造精美、形态各异，既有庞大夸张的造型，又有优美细腻的写真，组成了一个千姿百态、栩栩如生的神秘群体，展示了古蜀时代青铜文明的灿烂光芒。青铜造像依照造型差别大致分为

三星堆出土的铜跪坐人像

青铜人像、青铜人头像、青铜人面像和青铜兽面像四类。

　　青铜人像包括高大的青铜立人像、青铜小人像、青铜跪坐人像等。其中一尊青铜立人像是众多雕像中最高大也是最精美的，出土于二号坑，高达 2.61 米，重 180 公斤。如此高大的青铜铸像在商周时期青铜文化中极为鲜见，在世界古文明中也是绝无仅有。人像铸于由四个龙头连体支撑的方形底座上，头戴华美高峨的冠冕，身着龙纹左衽长襟衣，粗眉大眼，高鼻阔口，方颐丰耳，细腰修身，右臂上举，左臂平伸，两手握成环形，赤足配脚镯立于座上。从衣着来看，颇具帝王气度，加之站在兽面连体座上的那种显赫地位，这在出土的众多人像、人头像中十分突出。发掘者认为这尊青铜立人像的身份既是王者，又是祭司。把他陈设在宗庙中，含有祈求上苍、鬼神和祖先亡灵庇佑其臣民子孙的象征意义。这尊青铜立人像的双手大得出奇，夸张到了与身体不成比例的地步，引起了学者地关注。尤其是其双手中空，呈执物状，所执为何物，更给人带来无限遐想。这尊青铜立人像高大巍峨、气魄不凡，在出土的商周文物中是独一无二的，为我国迄今发现的最早和最大的青铜造像。在世界考古史上，古埃及和古希

三星堆出土的青铜立人像

三星堆二号坑出土的青铜跪坐人像单膝跪地，双脚赤裸

腊等文明古国这一时期也未发现有如此巨大精美的青铜雕像，堪称人类古代文明史上的"世界之最"。

青铜跪坐人像也分几种类型。较有代表性的一尊出土于二号坑，通高 13.3 厘米，头戴平顶双角冠，粗眉大眼，高鼻阔嘴，方面硕耳，脖颈短粗，身着对襟长服，腰间束带，以手抚按腹部，左腿蹲屈，右腿单膝跪地，双脚赤裸，其上各有一小圆形穿孔，似为系挂固定之用。从其造型看，似在禀报或辞拜，与高大尊贵的青铜立人像形成了鲜明的对比，显然代表了不同的身份。同坑另出土两件跪拜人像，与此件

三星堆一号坑出土的铜跪坐人像发型奇特

极为相似，不同之处为双膝跪地，呈正面跪坐。发掘者认为，这几件跪坐人像几乎一致的面部特征显示，它们是被铸成了带面具的造像，并联系坑中出土的青铜神树上也有类似的青铜跪拜人像，认为"应是在祈求神灵保佑，这几件青铜跪坐人像可能就是'祝'的形象"。在一号坑也出土一件青铜跪坐人像，较为特殊，高14.6厘米，宽脸方颐大耳，圆眼正视前方，其形态与出土的其他青铜造像明显不同。其头发先向后披，又向前卷起，非常奇特。从服饰上看，上身着右衽长袖短衣，腰间系带两周，下身着犊鼻裈，一般来说着这种服饰的人，其身份和地位不是很高。

第二类为青铜人头像。这些众多的人头像，形式多样，装扮各异。按造型分类，它们有平顶脑后梳辫者，有平顶戴帽或头戴"回"字纹平顶冠者，有圆头顶无帽或发辫盘于头上或于脑后戴蝴蝶型花笄者，有头戴双角形头盔者。从面相看，大都为浓眉大眼，高鼻阔嘴，方面硕耳，下颌似有短胡直达耳后，显得神态威武，洋溢着粗犷豪放的风格。它们的鼻子很高很大，嘴几乎咧到耳根部位，眉毛以夸张的姿态斜着上扬，几乎占据了额头的"半壁江山"，眼睛是斜竖着的三角大眼，目光稍微向下，既像是沉思默想，又像在俯视着芸芸众生，耳朵大而夸张，整个面部特征有一种轮廓分明的阳刚之美，比常人的五官更突出、更严厉和深沉。

第三类为青铜人面像。出土的青铜人面像中，最引人注目的是三件纵目人面像。这种人面像的眼球和耳朵极为夸张，出人意料。耳朵宽大，向两边展开，形同张开的鸟翅或竖立起来的兽耳。显现出明显的兽类特征，而眼珠如柱，突破眼眶，朝前

三星堆出土的青铜人面像

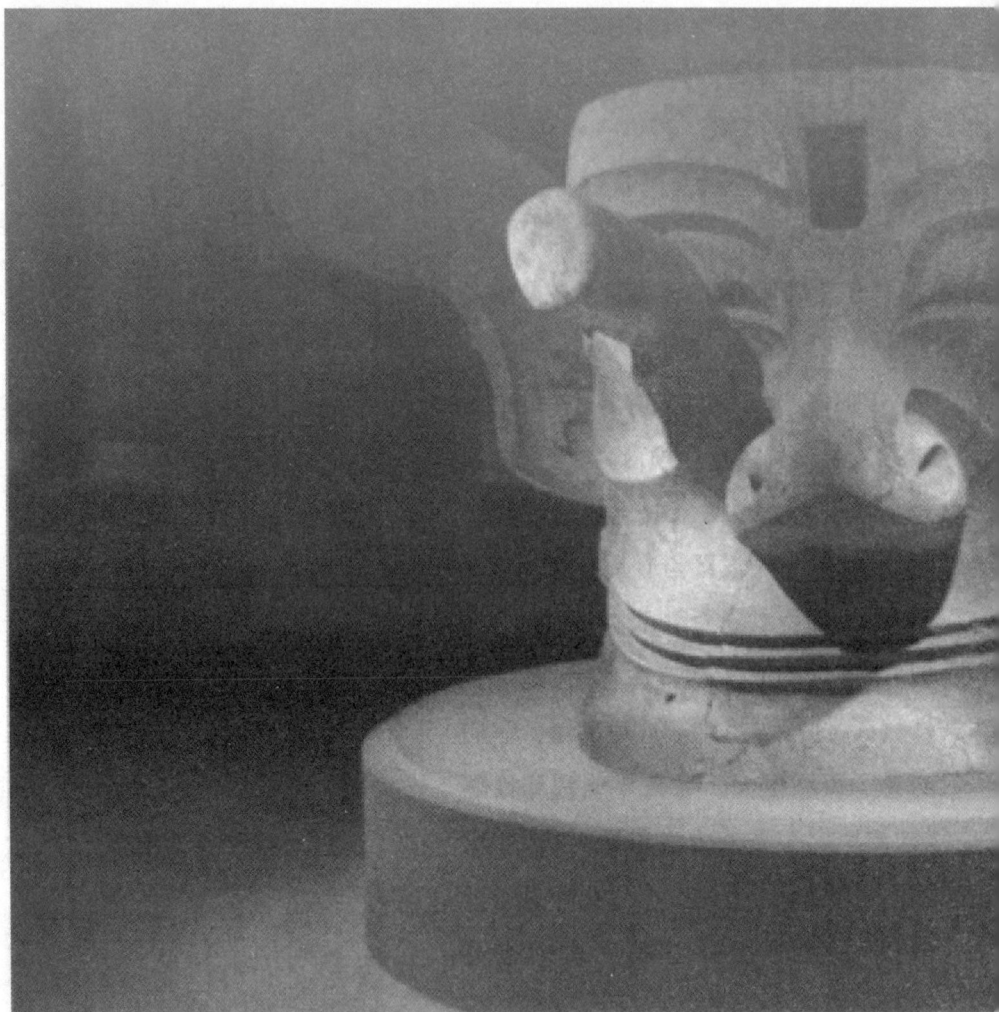

三星堆纵目人面像

突出，有如蟹目。简直匪夷所思，令人感到难
以形容的惊讶和诧异。其中最大的一件通高
66 厘米，宽 138 厘米，斜长的双眼眶中突起
的圆柱形眼球直径 13.5 厘米，凸出眼眶达 16.5
厘米。另一件更为神奇，宽 77.4 厘米，圆柱
形眼球凸出眼眶 9 厘米，在其鼻梁上方还镶嵌

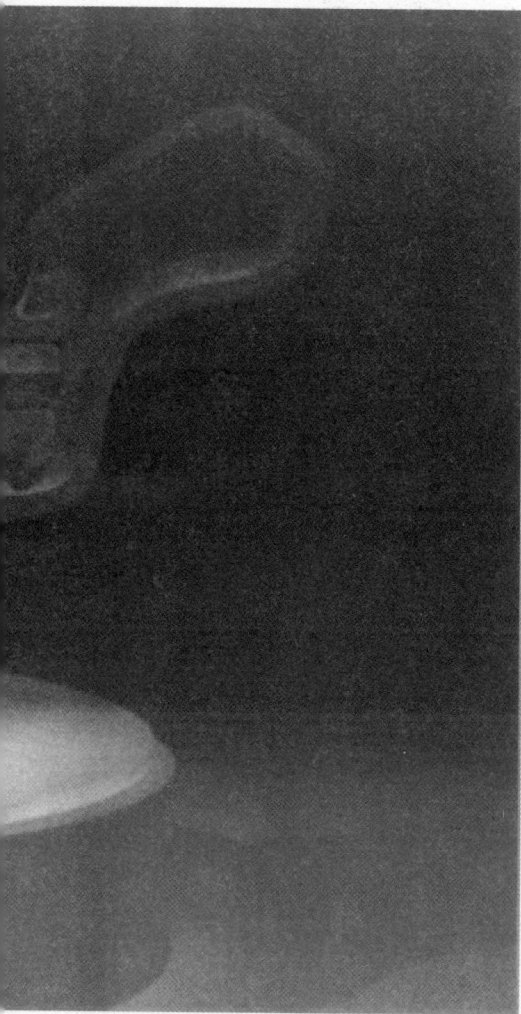

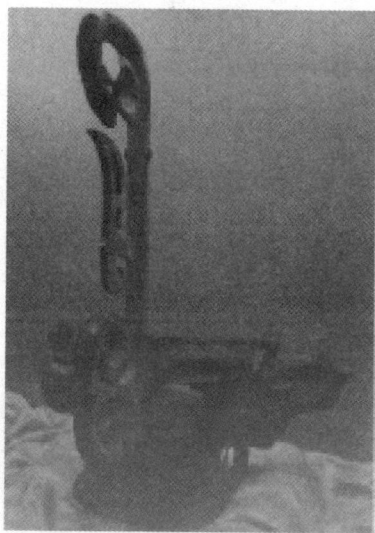

三星堆出土的面具

有高达 68.1 厘米的既似卷云又如夔龙的装
饰物，通高达 82.5 厘米。这类糅合了人兽
特点的硕大纵目青铜人面像更增添了煊赫
的气势和丰富的含义。

　　第四类是青铜兽面具。青铜兽面具均
出土于二号坑。均为薄片形，以浅浮雕手

法铸造而成。大都为长眉直鼻，大眼中鼓着硕大的眼球，阔长的口中露出两排方整的牙齿，显示了夸张的人面特征。而头上两侧一对宽长上卷的弯角，头顶额上较宽的叉状剑锋与两边一对小外卷角装饰，以及有的铸有两支尖长而上端向下勾垂的耳朵，展现了神奇的动物形态。这些青铜兽像极具浓郁的原始神秘色彩，形似鬼脸和假面，其用途可能为祭祀时巫师所戴，也可能是祭祀时使用的饰物。

三星堆出土的青铜造像还有令人惊异的枝干上站人面鸟身像的青铜神树，有学者认为，青铜神树是连接天地之间神与巫的桥梁。青铜神树共发现六棵，其中大神树两棵，小神树四

三星堆出土的青铜兽面

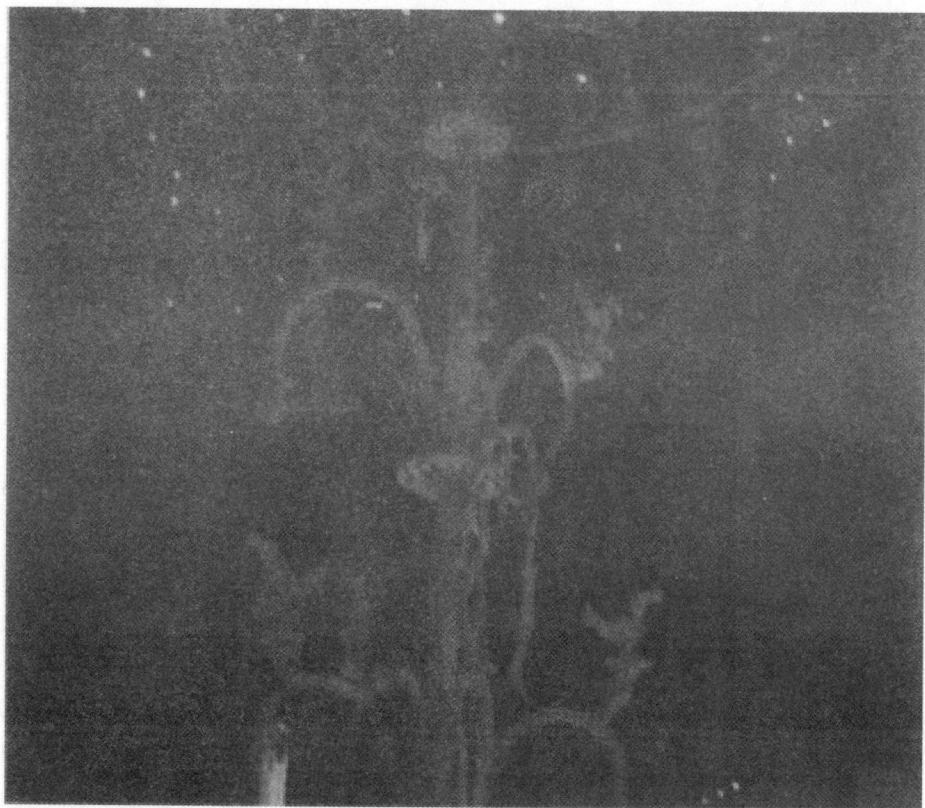

青铜神树

棵。大神树又分为一号神树和二号神树，造型基本相同。无论是在中国考古史上，还是在世界各地载入史册的重大考古发现中，三星堆古蜀遗址出土的神树都称得上是绝无仅有、极奇特的器物。一号神树最大，由树干、树底座及树旁的飞龙三部分组成。通高 3.96 米，树干残高 3.84 米。树底座呈圆锥状，座上和下面的座圈上都有太阳和云气纹构成的图案。整个树底座象征高耸的神山；树长在神山的顶端，三条根茎外露，显得这棵树苍

三星堆出土的青铜鸟器物

劲挺拔；树干由下至上长出三层树枝，树尖上的莲花状花果已残，每层树枝下侧的树干上和花果果托下均铸出光环；每支树枝的花果都分别为一个上翘，另一个下垂，上翘的花果上均站立一鸟；在树的一旁，又铸出一条条索状身躯的马面飞龙蜿蜒而下。

此外，三星堆遗址还出土其他青铜器物，如各种造型的铜鸟和铜鸟头，青铜虎形器，镶嵌着绿松石的铜虎，爬龙柱形器，以及青铜铸造的飞禽走兽等，蔚为壮观，令人叹为观止。充分展示了古蜀人当时高超的制作水平和艺术造诣，使青铜文化的发展达到历史的高峰。

四、三星堆魅力

三星堆出土的青铜神鸟像

（一）文化价值

三星堆被誉为"世界第九大奇迹"。三星堆遗址是 20 世纪中国最重要的考古发现，是全国商周考古的重大成果。出土各种精美文物近千件，向人们展示了早在三四千年前的蜀国的物质文化遗存，发现了古城、聚落、祭祀坑、木建筑群等重要遗迹和遗物，初步建立了巴蜀文化考古序列，说明古蜀是已产生高度发展的国家。四川广汉三星堆比湖南马王堆的文物时间早、数量多，其历史价值和艺术价值更高，可以和西安的半坡遗址相媲美。三星堆古遗址的发掘及大量古文物的出土，把巴蜀早期历史推进了一千多年。

不仅如此，三星堆文物还填补了中国考古学、美学、历史学等诸领域的空白。使得世界需对中国古代文明重新评价，三星堆文物中，高达 3.95 米、集"扶桑""建木""若木"等多种神树功能于一身的青铜神树，共分三层，有九枝，每个枝头上都立有一鸟，这不是一般意义上的鸟，而是一种代表太阳的神鸟。被誉为铜像之王的青铜立人像；有面具之王的美誉，作为"纵目"的蜀人先祖蚕丛偶像的青铜纵目面具；长达 1.43 米、

三星堆出土的黄金面罩

作为权杖法杖的金杖，其器身上刻有精美和神秘的纹饰，两只相向的鸟，两背相对的鱼，并在鱼的头部和鸟的颈部压一只箭状物，同时展露充满神秘笑容的人头像；器身满饰图案的玉边璋以及数十件与真人头部大小相似的青铜人头像，俱是前所未见的，作为集群展现的稀世之珍。而在青铜器冶铸方面，范铸法和分铸法的使用，以铅锡铜为主的三元合金的冶炼，表明在商周时期，三星堆古蜀国即已有高度发达的青铜文明，有力地驳斥了传统史学关于中原周边文化滞后的谬误。

的确，史书关于古蜀历史的记载如凤毛

麟角，扬雄《蜀王本纪》也只是搜罗了一些关于古蜀历史的传说，难以勾勒出古蜀历史的大体轮廓。对今天研究三星堆文化及巴蜀文化具有重要参照价值的《山海经》，鲁迅先生都视之为"盖古之巫书也"。因而，前人治古蜀历史，大都只能上溯至春秋战国时期，就连年代较为久远的唐代大诗人李白，也只能发出"蚕丛及鱼凫，开国何茫然"的喟叹。

然而，自古以来真伪莫辨的古蜀史传说，因三星堆而成为信史，史载在蜀地先后称王的有蚕丛、柏灌、鱼凫、杜宇、开明，三星堆最为繁盛的时期大抵属鱼凫王时期。鱼凫，即俗称的鱼老鸹，三星堆遗址出土有大量的鸟及鸟

三星堆出土的鸟形器

形器，其喙部多有如鱼鹰者，很可能就是鱼凫的象征或其族徽。另外，三星堆除了没有发现可识读的文字以外，已建立了城市、产生了高度发达的青铜器，并有了大型的宗教祭祀场所，这些都是早期国家产生的标志因素。已有研究成果表明，两坑本为祭祀的产物，三星堆的三个土堆亦很可能是人工夯筑的祭坛，三星堆盛行诸神崇拜并以太阳神崇拜为主神崇拜，如此大量地充当商品流通媒介货币的海贝、象征财富的象牙等等的出土，都表明了在商周时期，三星堆古蜀国已具有

三星堆出土的青铜人像等文物
或许能为人们了解古蜀文化打
开一扇窗

较为强大的综合实力和相对稳定独立的政治地
位。总之，古蜀国的源头及其中心，因三星堆而
得到确证。

学术界过去在中华文明的起源问题上，由于
受古代"内诸夏而外夷狄"文化概念的影响，自
上古以来即盛行中原诸夏王朝为正统，很长时期

都将中原视为唯一的文明中心。随着考古新发现提供的丰富资料日益增多，中华文明起源呈现为漫天星斗多元一体的格局已被学术界所公认。三星堆文化遗址的考古发现更为中华文明起源多元论提供了重要佐证，揭示了古蜀王国就是长江上游的一个重要文明中心。从考古发掘上看，古蜀文明自成一系，与中原文明在诸如礼仪制度、观念习俗、宗族或部族构成、社会生活、艺术情趣等许多方面都迥然不同。但与此同时，古蜀文明与中原文明又有着比较密切的联系。

三星堆出土的蛇型器物

考古发掘也揭示了三星堆遗址二期所出土的器物与中原二里头文化之间的关系。如两者均出土有陶盉、瓬、豆、罐等器物，都是以小平底为主，尤其是三星堆遗址出土的陶盉与二里头的陶盉，除了陶质和大小以外几乎没有区别。三星堆出土器物中，如果说陶盉、陶豆是接受了二里头文化的影响，那么铜尊和铜罍则显示出受到了殷商青铜礼器的影响。这也说明两点：一是古蜀与中原的文化传播与交流在夏代甚至更早就开始了；二是这种文化传播和交流在殷商时期变得更加密切了。一号坑和二号坑出土的青铜器物就反映出这个时期的古蜀文化已接受了大量商文化的影响，例如青铜罍和

三星堆出土的青铜器
达五百余件

尊就展现了在造型艺术和青铜铸造工艺方面
具有高超水平的古蜀人对商文化中青铜礼器
的模仿。但这种模仿主要是仿造青铜罍和尊,
其他礼器极难见到,这是有所保留和有所选
择的模仿,是不失主体文化的一种文化交流。
从三星堆出土的文物中,可推知古蜀和中原
文化联系最早的器物是高柄豆和陶盉。这些
都是中原龙山文化至二里头时期的典型器物。
二里头文化特有的青铜牌饰,在三星堆遗址
中也有出土。这些含有中原夏文化因素的器
物在蜀地出土,说明古蜀民族早在夏代就与
中原夏民族有经济文化方面的往来。古蜀人
吸收了中原夏民族的制玉、金属冶炼等技术,

三星堆青铜铸造工艺具
有高超的水平

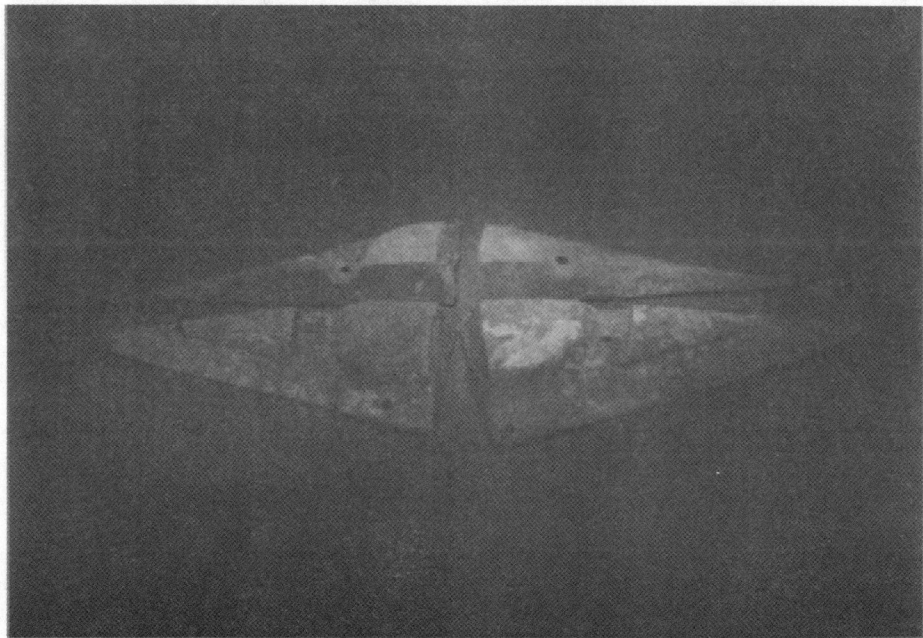

青铜器上的纹样

并把夏民族的礼制借鉴过来，形成自己的宗教礼乐制度。

三星堆文化的特质反映出古蜀民族在不丧失主体的情况下，吸纳了灿烂的商代文明，不论是陶器、玉器还是金器、铜器的形制和器类组合都有自己独特的风格，形成了具有古蜀地方特征的文化。同时，古蜀民族又大量吸收了商代文明中的某些因素，如陶器的尊、瓿、盉，玉石器的戈、刀、璧、环、圭、琮等，以及铜器中的尊、罍、盘、盖等礼器，明显地看出是商代器物中的形制。对于古蜀国与殷商王朝的关系和文化交流，应该给予客观的认识。古蜀文化接受商文化的影响，主要来自湖北、湖南、江西等长江中游以及陕南地区。但三星堆时期，古蜀文化主体还是本土文化，外来文化影响只占次要的地位，而且受长江中游的影响远比黄河流域深。殷商崇尚礼器，发展出一套繁复的系统。古蜀王国也同样重视青铜器，同样有礼器，可是礼器在整个青铜资源运用系统中只扮演次要的角色而已。古蜀国赋予青铜的意义与殷商王朝以及其军事、政治、文化势力所及的长江中下游地区明显不同。可以说，三星堆文化与殷商文化各自具有的鲜明特色，充分展现了长江流域和黄河流域南北两个文化系统的绚丽多彩。

三星堆出土的青铜礼器

如果从更广阔的视野来看，三星堆文明同世界上的其他区域文明也有着商贸与文化方面的交流。古蜀国地处中国内大陆的四川盆地，由于物产丰富，水土丰茂，曾有学者将其形容为中国的后花园，认为自古以来这里受地理环

三星堆出土的青铜器没有任何文字记载

三星堆出土的金虎文物

境限制是个较闭塞的区域。三星堆考古发现告诉我们，古蜀国其实并不封闭，也并非蛮荒落后之地，而是具有很大的开放性和兼容性。古蜀人不仅极具丰富的想象力和创造力，而且显示出强烈的开拓精神。三星堆出土的造像就生动地展现出这是以蜀为主体联盟了其他众多部族创造出的一种灿烂的文明。三星堆所展现出来的文化具有浓郁的古蜀特色，又显示了吸取许多其他文化的因素，通过比较研究发现，三星堆的古蜀文化与古代西亚文明也有许多相近的因素，相互之间可能有过交流并产生过影响。

三星堆出土的青铜人面罩

（二）世界的焦点

　　三星堆遗址七十年来的考古成果充分说明了在与中原夏、商、周同时代，古蜀国已有了灿烂的古代文明，而且发展成为一种传统中原文明以外的文明，这无疑是对中原文化辐射说的一种挑战。

　　1986年8月23日，新华社的一则简短的电讯犹如晴空中的一声霹雳划破天际，震撼了考古界。紧接着，各大报刊、电台、电视台记者也做了跟踪采访，从三星堆遗址将一条条更加惊人的消息传送到海内外。《光明日报》称三星堆青铜造像是"迄今我国发掘的数量最多、形体最大的古代青铜雕像群"，"这个青铜雕像群和与它们同地点出土的数量众多的其他重要文物的发现、清理，对研究中国巴蜀地区青铜器时代的历史提供了罕见的实物资料，填补了中国青铜艺术和文化史上的一些重要空白"。香港《文汇报》更以"沉睡三千年，一醒惊天下""千姿百态数量最多形体最大""古蜀国历史证实，商周时期已有高度青铜文化"等醒目标题做了报道，并认为"过去，在世界青铜器时代考古中，只有埃及、希腊才有出土的真人大小的青铜人雕像、真人头部大小的青铜人头雕像、真人面部大小的黄金面罩，如今中国也发现了

三星堆文物展览馆墙壁上的面具

这些文物，其中不少都是全国首次发现。这次发掘使四川考古取得的突破性进展是全国商周考古的重大成果……比湖南马王堆的文物时间早、数量多，其历史价值和艺术价值更高，可以和西安的半坡遗址媲美"。著名的考古学家、中国考古学会理事长苏秉琦说："这就是蜀文化的生长点……"考古学家、四川大学博物馆馆长童恩正教授亦指出："这简直是世界奇迹！"余秋雨看过三星堆后说："伟大的文明就应该有点神秘，中国文化记录过于清晰，幸好有个三星堆。"

而那些曾为古希腊青铜器文明晕眩和躁动不已的西方学者们，面对三星堆遗址的这

三星堆出土的大量青铜器中礼器居多

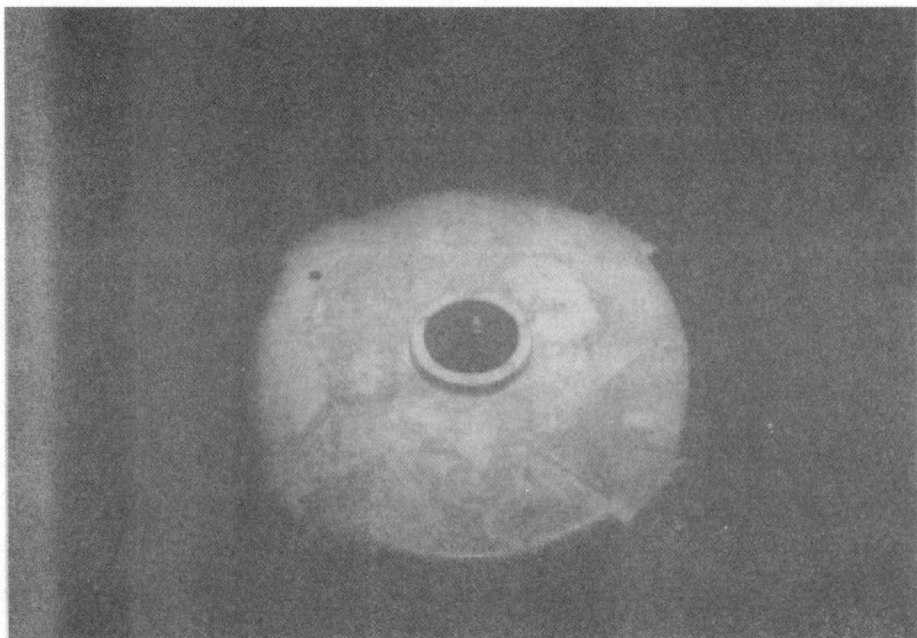

三星堆出土的青铜礼器

些与大名鼎鼎的德尔菲御者铜像、宙斯像以及波塞冬铜像大小相当，而在时间上却早出六七百年以上的大型青铜雕像的照片，更是瞠目结舌。英国学者戴维·基斯在英国《独立报》上题为《中国青铜雕像无与伦比》的评论中写到："广汉的发现可能是一次出土金属文物最多的发现，它们的发现可能会使人对东方艺术重新评价。中国的青铜制造长期被认为是古代最杰出的，而这次发现无论在质量上还是数量上都使人们对中国金属制造的认识上升到了一个新的高度。"伦敦不列颠博物馆的首席中国考古学专家杰西卡·罗

高鼻深目、颧面突出的人物

森则认为："这些发现看来比有名的中国兵马俑更要非同凡响。"来自美国纽约大学东亚系的江伊莉教授从1983年就开始接触并研究三星堆文化，这位对三星堆文化情有独钟的学者十多年来已先后六次来三星堆实地考察，发表关于三星堆文化和殷商文明的论文十多篇。随着中国在世界上影响越来越大，会有更多的国外学者主动参与到三星堆文化的研究中来。

三星堆，这个川西平原上原本很不显眼的地方，竟然令整个世界为之倾倒与震撼。

三星堆博物馆位于全国重点文物保护单位三星堆遗址东北角，地处历史文化名城四川省广汉市城西鸭子河畔，南距成都38公里，北距德阳26公里，是我国一座大型现代化的专题性遗址博物馆。博物馆于1992年8月奠基，1997年10月正式开放。

自三星堆博物馆建成开馆以来，先后接待了国内外游客三百多万人次，取得了良好的社会效益和经济效益。张爱萍将军曾题词："沉睡数千年，一醒惊天下。"对三星堆的古老神秘文明，金庸先生也连声感叹："这个文明太神奇了！从产生到消失，与其他文化有什么关系，这些都不知道。三星堆文化对考古学界、文化界都会产生影响，杜宇、鱼凫时代的某些历史，这些史前历史，我们很多

三星堆出土的人头像

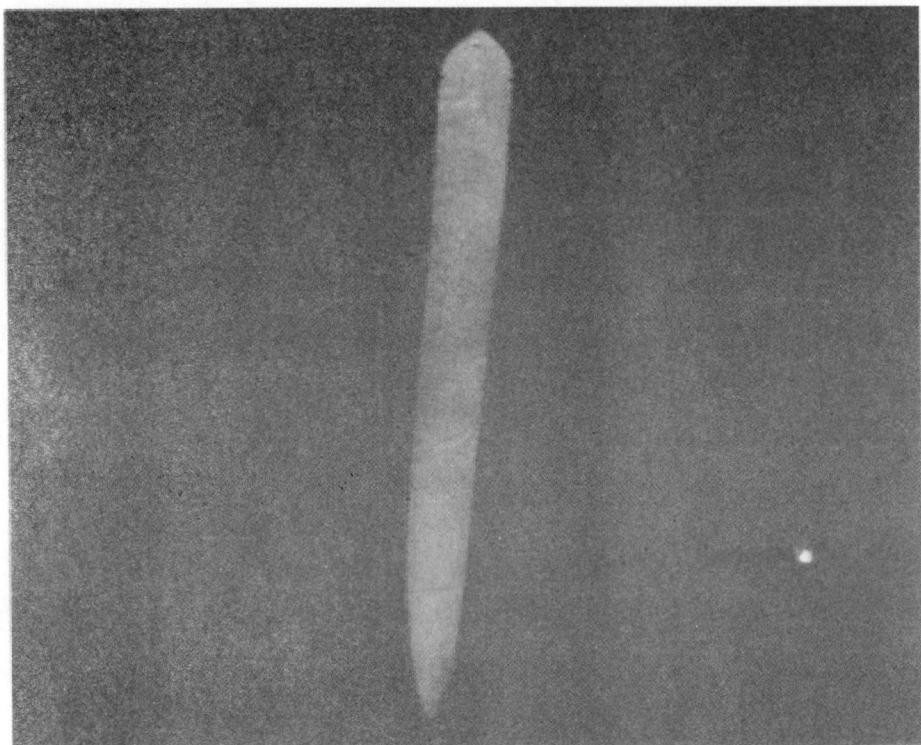
三星堆文物

都不知道了，现在又通过三星堆重新再现了。"金庸先生洒脱地为三星堆题词："三星堆千古之美，其真美千古不衰。"

三星堆文物魅力无限，内涵丰厚，极具吸引力和震撼力，1993 年 5 月，三星堆部分文物首次到瑞士洛桑奥林匹克博物馆展出，其后相继到法国、英国、丹麦、日本、美国等国展出，所到之处，人头攒动，观者如潮。因而，三星堆文物是具有世界影响的文物，属世界文化遗产范畴。

五、千古未解之谜

三星堆出土的纵目人头像

三星堆遗址考古的重大发现，向世人展示出长江上游丰厚的文化积淀和独特的文化风采，揭开了人们对三星堆古蜀文化认识的序幕，几代学人叩问已久的古蜀国大门就此打开。自古以来真伪莫辨的古蜀史传说，因三星堆而成为信史，蜀国历史由此上推了两千多年。三星堆重大发现填补了中国考古学、中国青铜艺术和文化史上的诸多空白。三星堆文物造型的总体风格神秘诡谲，如青铜神树、雕像群等表现的都是神秘、奇特的艺术形象，与中原商文化的铜器风格迥然不同，最引人注目的是，三星堆还发现了一根象征最高宗教权力与政治权力的金杖。神秘的三星堆器物、祭祀坑复杂的遗迹现象等等，使人们颇为费解，

有关三星堆的各种猜测纷至踏来。

　　这些相貌奇特的人从哪里来，又到哪里去了？三星堆居民的族属是什么？三星堆古蜀国何以产生、持续多久，又何以在商周之际突然消亡？两坑发掘后的二十年间，经过学术界众多专家学者的不懈努力和探索，三星堆研究已取得若干令人瞩目的研究成果，引起了国内外学术界和社会各界的广泛关注。但一直到现在，三星堆遗址的大量文化信息仍有待进一步发掘，三星堆文明还有不少未解之谜需要揭示和探索。

三星堆文物

"三星堆人"阔嘴大耳，耳朵上有穿孔

（一）文明起源何方

三星堆文化来自何方？目前有其来源与岷江上游新石器文化有关、与川东鄂西史前文化有关、与山东龙山文化有关等看法，即人们认为三星堆文化是土著文化与外来文化彼此融合的产物，是多种文化交互影响的结果。

三星堆的发现将古蜀国的历史推至五千年前。这里数量庞大的青铜人像、动物不归属于中原青铜器的任何一类。青铜器上没有留下一个文字，简直让人不可思议。

出土的"三星堆人"高鼻深目、颧面突出、阔嘴大耳，耳朵上还有穿孔。四川省文物考古

三星堆出土的古代青铜器

三星堆属于巴蜀文化范畴

所三星堆工作站站长陈德安接受记者采访时认为，三星堆人有可能来自其他大陆，三星堆文明可能是"杂交文明"。

两坑出土的这些青铜器，除青铜容器具有中原殷商文化和长江中游地区的青铜文化风格外，其余的器物种类和造型都具有极为强烈的本地特征，它们的出土，首次向世人展示出商代中晚期蜀国青铜文明的高度发达和独具一格的面貌。

值得注意的是，在三星堆出土的文物中，表现人"眼睛"的文物不仅数量众多，而且这些文物本身珍贵、奇特，如一件大面具，眼球极度夸张，瞳孔部分呈圆柱状向前突出，长达

三星堆出土的夸张的青铜人物面具

16.5 厘米。又如一件突目铜面具，双目突出的圆柱长 9 厘米。此外，还有数十对"眼形铜饰件"，包括菱形、勾云形、圆泡形等十多种形式，周边均有榫孔，可以组装或单独悬挂、举奉，表现了对眼睛特有的重视。

三星堆出土的纵目人面像瞳孔部分为圆柱状，十分奇特

　　古蜀人为什么如此重视刻画眼睛？铜面具眼睛瞳孔部分为什么要作圆柱状呢？原来，这与古蜀人崇拜祖先有关。前面提到，《华阳国志》记载"蜀侯蚕丛，其目纵，始称王"，其墓葬称为"纵目人冢"。据学者研究，所谓"纵目"，即是指这种铜面具眼睛上凸起的圆

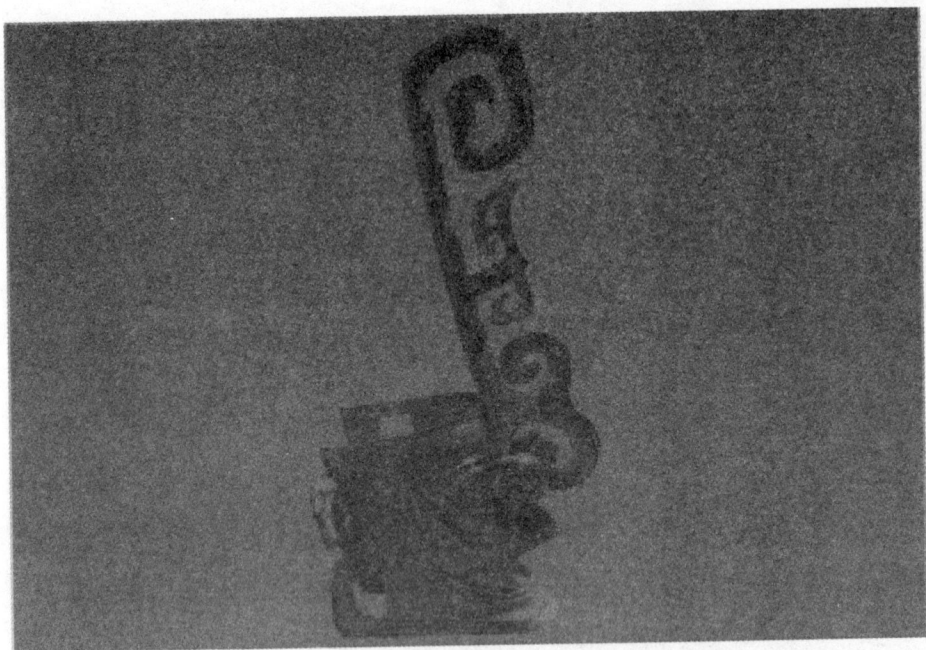

三星堆纵目人面罩

柱，三星堆出土的突目铜面具等，正是古代蜀王蚕丛的神像。

　　据史书记载，蜀王蚕丛原来居住于四川西北岷山上游的汶山郡。而这一地方"有碱石，煎之得盐。土地刚卤，不宜五谷"。直到近代，此地仍是严重缺碘、甲亢病流行的地区。我们知道，甲亢病患者的一个重要特征，就是眼睛凸出。因此，蜀王蚕丛很可能是一个严重的甲亢病患者，生前眼睛格外凸出。而他的后人在塑造蚕丛神像时，抓住了这一特点并进一步"神化"，这就是蜀王蚕丛神像被刻画成"纵目"的原因。

关于三星堆遗址，历来说法不一，许多人认为三星堆文明决非内生。对于三星堆有深入研究的北京大学考古文博学院副院长孙华教授则认为，三星堆文明来源于西方，具体而言，这个文明的创造者主体为红海沿岸古闪族人，以及沿途的伊朗人和印度人。他们来华的路线不是北方的丝绸之路，最有可能选取的是南丝绸海路。三星堆闪族人的迁徙有可能是一次性完成，也可能是数次积累。迁徙的时间大约发生在四千年之前，最迟不会超过公元前5世纪。这个外来文明的独立特征逐渐衰亡，恰好在中国文字出现前后，

三星堆出土的兽像文物

所以在中国现有的史料中看不到对于他们根源的准确记载也是合理的。那么三星堆是否属于外来文明呢？孙华教授认为，三星堆文明有它本身的传承，在三星堆以前，四川成都平原有像三星堆一样的文化遗址九座，三星堆只不过是其中之一。三星堆文化在其发展过程中确实加入了一些和以前文化不一样的新的东西。但从目前的情况来说，还看不出外来的痕迹。从大型的青铜器和祭祀器皿来看，主要还是来自中原的夏商。用玉和用金是中西文化之间的最大差异。三星堆出土的玉器远远比西方发现的要好。黄金器只是发现了极少的一部分，比如说，贴在脸上的金箔，还有金杖，都是比较小

三星堆青铜小件

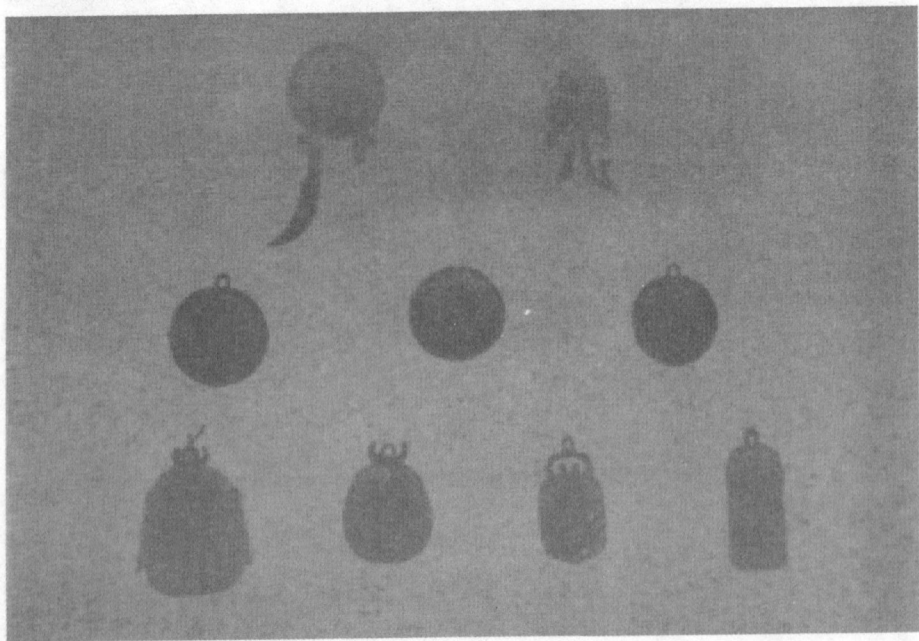

三星堆出土的鸟兽头像

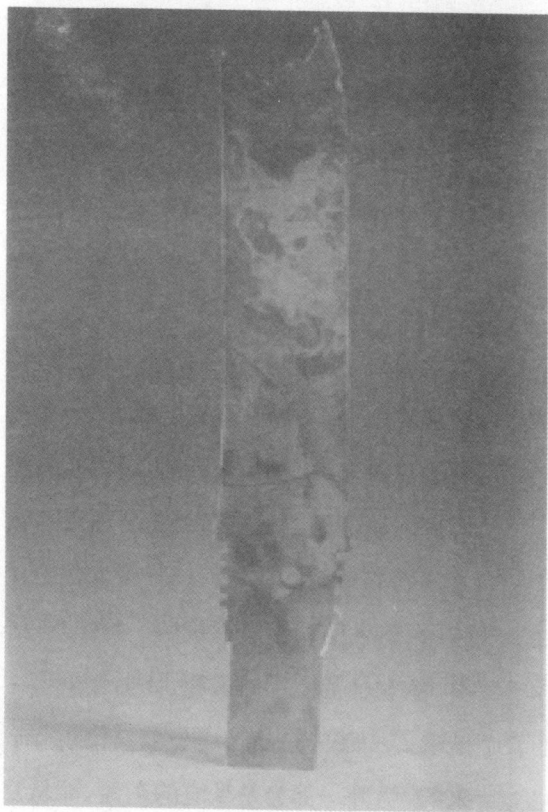

三星堆出土的玉刀

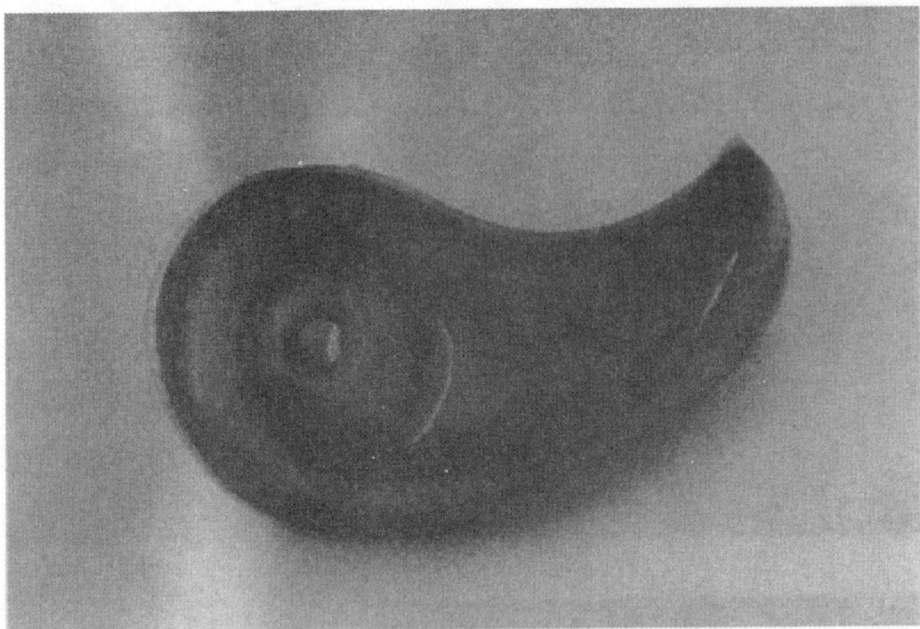

三星堆玉器

的器物，没有西方发现的一些比较发达的黄金器皿。三星堆发现的文物主要仍偏重于玉石系统，是东方传统，不是西方传统，它仍然属于中国的玉石文化圈。从三星堆的建筑来说，不管从建筑的形状，还是建筑的材料来说，都没有西方的传统。这些建筑的遗迹是当地的传统加上长江中游这一带的传统构成的，比如说它的夯土技术、土木结构都是这样的一种情况。还有，从它日常使用的器物，比如像陶器系统看，一部分是从当地史前文化蜕变过来的；另外一部分是从它的东面，即从夏人那里传入的，像一些铜盒和铜杯。再则，从发掘的器皿的装饰纹样来看，虽然它们的纹样

三星堆人头像玉器

很有特点（比如说兽面纹），但这些纹饰都与中原文化圈有一定的联系。

所以，孙教授认为，三星堆文化和中原文化的联系，远远大于与其他任何文化的联系。它的来源主要有两个：一个是本土文化，即土著文化过渡而来的；另一个是中原文化传入的，即长江流域，也包括东亚，它们之间的联系是始终的。那么，三星堆有没有其他文化的东西呢？不能说一点儿也没有，比如说海贝，海贝来源于沿海，但它们到底是从西南直接传入，还是通过其他地区转送了一下（比如从长江中下游地区，就像中原的海贝一样）再传入，还

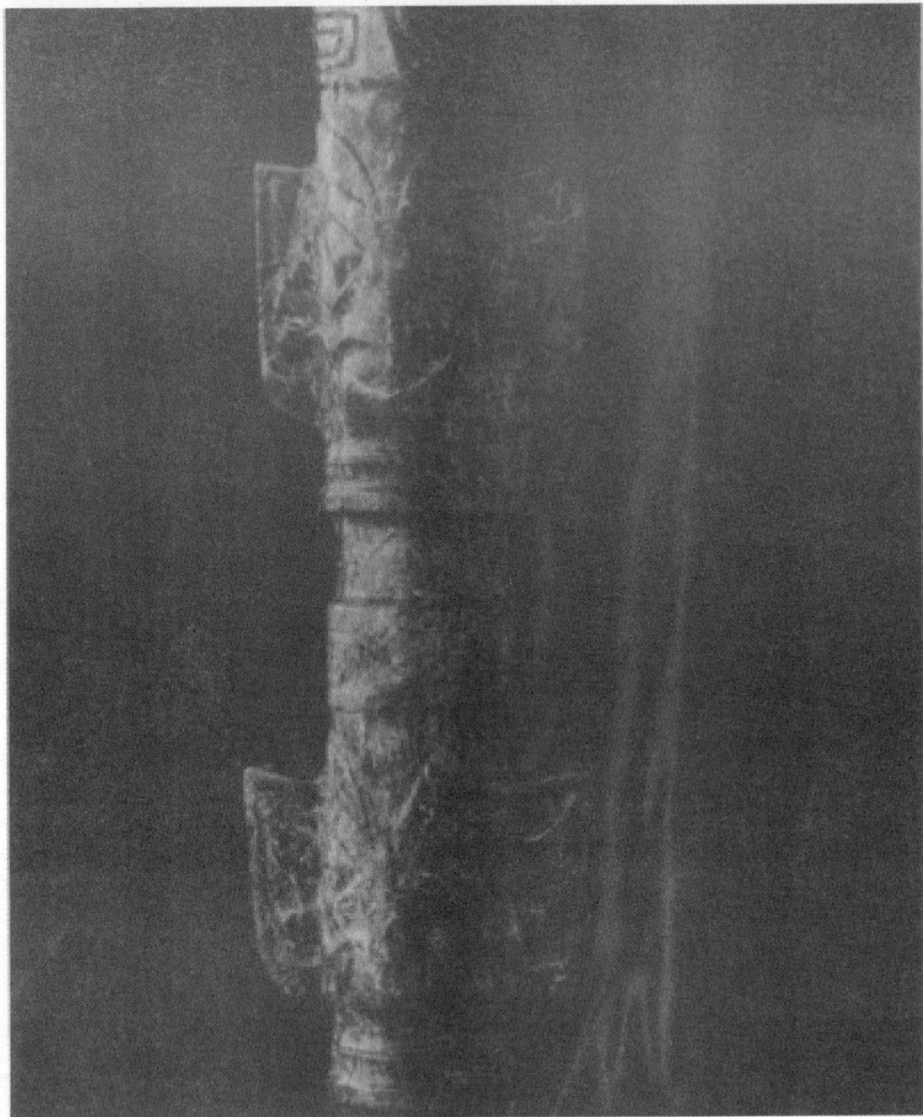

三星堆人头像玉器

有待进一步证实。

（二）是何民族

三星堆遗址居民的族属为何？目前有氐羌说、濮人说、巴人说、东夷说、越人说等不同看法。多数学者认为岷江上游石棺葬文化与三星堆关系密切，其主体居民可能是来自川西北及岷江上游的的氐羌系。

三星堆文化存在的时间应当在夏代后期至商代后期，大概在公元前 1800 年至公元前 1200 年之间，但我国发现的最早的悬棺不是在四川，而是在武夷山，这些悬棺被摆放在悬崖上的山洞里，也叫崖棺。从年代上判断是商代的。

四川发现的悬棺年代最早的是战国时期的，其次是汉代的。主要分布在三峡地区，四川西南的悬棺是元明时期的。从地理位置来看，越往西年代越晚。在整个成都平原，除了三峡之外，还没有发现悬棺。在成都平原西北部，岷江流域发现的是石棺葬，而石

悬棺

大量青铜文物说明古蜀的
青铜铸造工艺品非常成熟

三星堆出土的青铜器

悬棺葬是古代一种比较
奇特的葬俗

棺葬在西藏高原东麓，沿着这个大的传播带一直向东到中国的东北地区。三星堆还没有发现有悬棺的葬俗。关于摆放石子的习惯和石头崇拜，但有学者认为，羌族就有这一传统，而在三星堆却看不出摆放石子的习惯。文献记载，战国时代的蜀人有石子崇拜。整个三星堆遗址根本就看不出石头崇拜的痕迹，而且连一个以石头为材料的建筑都没有看到，有的只是玉石崇拜，而玉石崇拜则明显来源于长江流域东边的三个玉石文化圈。

三星堆出土的陶器

至于三星堆出土的青铜面具，有学者认为不像蒙古人种，也有学者认为不像欧罗巴人种。这些面具鼻子那么宽，眼睛那么大，脖子那么长，他们不像现在所属的任何人种。他们本身就不是以一种写实的手法表述的，可能只是一种艺术的夸张而已。

关于那支让许多人浮想联翩的金质王杖，有人甚至认为它是不是杖，现在也不能肯定。这个器物出土的时候不是直的，而是一个圈。那么它是一条带子还是一个杖，现在还不能肯定。而且就中国自身的传统来说，当时有权力的人也会拿着杖。所以根据这个来和西亚进行

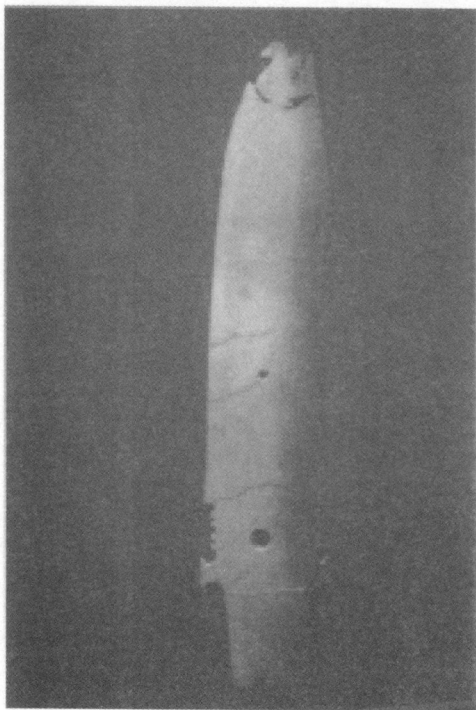

三星堆出土的玉刀

三星堆出土的黄金面罩

青铜面具或许是古蜀神权
的象征

联系，是比较牵强的。

（三）王权与神权

三星堆古蜀国的政权性质及宗教形态如
何？三星堆古蜀国是一个附属于中原王朝的部
落军事联盟，还是一个相对独立的、已建立起
统一王朝的早期国家？其宗教形态是自然崇
拜、祖先崇拜还是神灵崇拜？或是兼而有之？

有学者指出，三星堆青铜造像中那些头戴
面具的造像，显示其带有巫的特点，是其作为
祭祀者的象征。而且数量众多，规模可观，展
现了复杂的、多层次的丰富含义。它们代表了
古蜀国巫祝的身份，象征着古蜀国的一个巫祝

集团，也是古蜀神权的象征。青铜立人像双手作握物奉献状，表明其身份应是能够沟通天地、传递上天鬼神意志的人物，是主持祭祀活动的大巫师，与众多陪祭的巫师组成了古蜀国的宗教阶层。同时，它们也是古蜀国统治阶层的象征，既代表神权，也代表王权。在文明的早期阶段，神权和王权通常是统一在一起的。古蜀国的宗教祭祀活动便具有强化神权与王权的作用。

黄金面罩是古代蜀人黄金制品的杰作

也有人认为，高大的青铜人像，头戴冠冕，身穿华服，形态尊贵，可能象征着古代至高无上的古蜀国国王和大巫师。其他众多的青铜人头像和人面像，个个气概英武，可能代表着古代各部落的首领以及它们组成的古蜀国统治阶层。

有学者认为，三星堆发现的青铜人面像是人类对远古时期特殊历史阶段的记忆，是神话、历史和宗教的混合物，既是对烛龙神话和蜀王传说的历史记忆，也是原始图腾和宗教祭祀的遗沉，融合了图腾崇拜、祖先崇拜、神灵崇拜和自然崇拜的多重文化内涵，在以祖先崇拜和神灵崇拜为主旨的同时，又保留了自然崇拜和图腾崇拜的某些原始意味，展示了人类从自然

崇拜向拟人形态的社会神崇拜过渡的中间形态
所应有的特点。

（四）冶炼技术

三星堆青铜器群高超的青铜器冶炼技术及
青铜文化是如何产生的？是蜀地独自产生发展
起来的，还是受中原文化、荆楚文化或西亚、
东南亚等外来文化影响的产物？

三星堆青铜造像和青铜器物显示，古蜀国
铸铜手工业已经高度发达，青铜熔炼水平也已
达到高级阶段。古蜀国的能工巧匠已经熟练地
掌握了青铜冶炼技术。

夏商周三个朝代的来源都不相同。说中西

三星堆出土的精美的青
铜铸造艺术品

文化在东周之前就存在联系，只是一种一厢情愿的猜想而已。专家说，夏起源于我国东部的本土地区，夏文化的崛起明显是吸收了周围龙山时代好几个文化的成就。商起源于东方，而周则起源于西部陕西甘肃一带。现在可以肯定的是这三个文化根本不是同一支族系。

从现在的考古发掘来看，在东周之前，中西文化是隔绝的。中亚和西亚文化深深影响中原地区恰恰是在东周时期。东周时期，北方草原民族的形成，北方民族的大迁徙，通过这些北方游牧民族作为中介，带来了中亚和西亚的一些技术和文化。技术方面像制

三星堆出土的文物

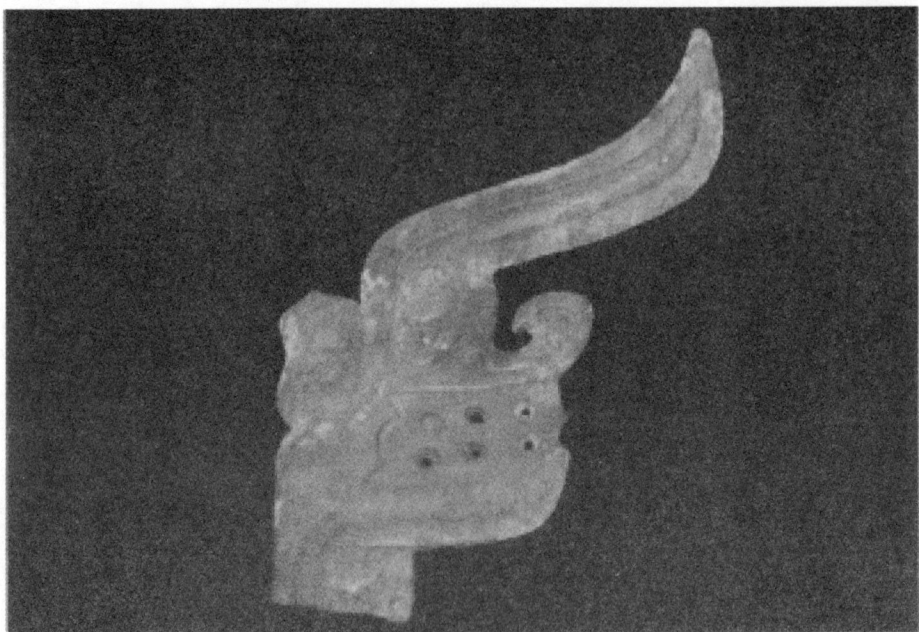

三星堆文物

蜡、冶铁术都是从东周时传入的。另外，文化方面，比如北方草原民族的一些装饰品、一些野兽纹的图案都在那时才开始出现。

三星堆出土的大量青铜器中，基本上没有生活用品，绝大多数是祭祀用品，表明古蜀国的原始宗教体系已比较完整。这些祭祀用品带有不同地域的文化特点，特别是青铜雕像、金杖等，与世界上著名的玛雅文化、古埃及文化非常接近。三星堆博物馆副馆长张继忠认为，大量带有不同地域特征的祭祀用品表明，三星堆曾是世界朝圣中心。

三星堆出土了五千多枚海贝，经鉴定来自印

度洋。有人说这些海贝用做交易，是四川最早的外汇，而有的人则说这是朝圣者带来的祭祀品。还有六十多根象牙则引起了学者们"土著象牙"与"外来象牙"的争议。"不与秦塞通人烟"的古蜀国，居然已经有了"海外贸易"，不可思议。

（五）消失的古都

三星堆古蜀国何以产生，持续多久，又何以突然消亡？古蜀国的繁荣持续了一千五百多年，然后又像它的出现一样突然间消失了。历史再一次衔接上时，中间已多了两千多年的神秘空白。关于古蜀国的灭亡，人们假想了种种

三星堆文物朝代归属等问题至今仍是一个谜团

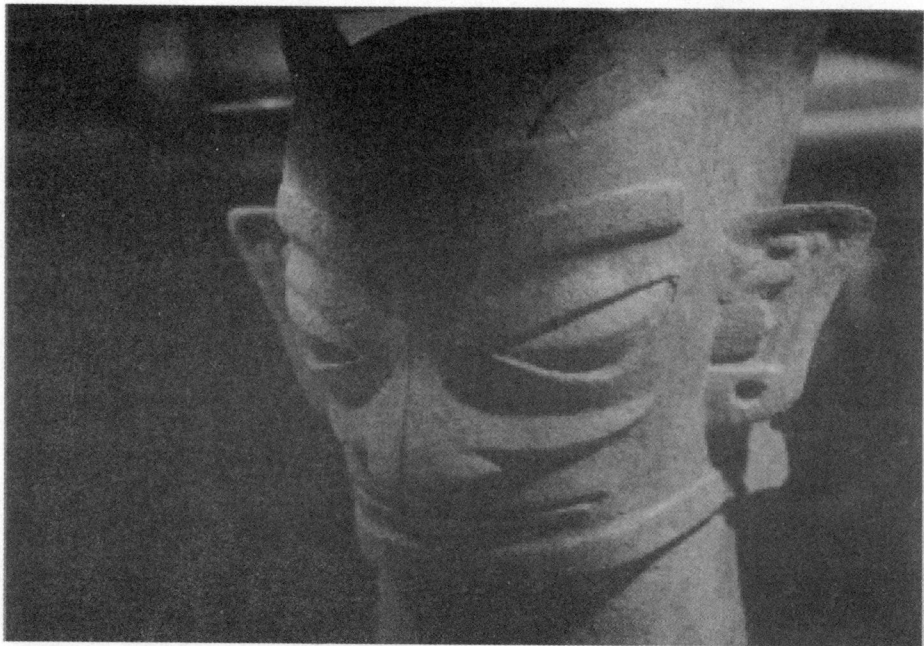

三星堆出土的玉琮

原因，但都因证据不足始终停留在假设上。

其一，水患说。有位专家认为"三星堆毁于一场大洪水""从三星堆古城布局看，当时的三星堆颇似今天的成都，北邻鸭子河，马牧河由西向东贯穿全城"。他认为，三星堆的古蜀先民"择水而居"的理念造就了它的繁荣，也埋下巨大的隐患。由于鸭子河上游可能夹带大量泥沙，极易造成淤积并改变河道，从而对古城造成危害。据此推断，三星堆古城极可能系两河河水上涨而毁。但考古学家并未在遗址中发现洪水留下的沉积层。

其二，战争说。遗址中发现的器具大多被事先破坏或烧焦，似乎也验证了这一解释。但后来人们发现，这些器具的年代相差数百年。

其三，迁徙说。这种说法无需太多考证，但它实际上仍没有回答根本问题：人们为什么要迁徙？成都平原物产丰富，土壤肥沃，气候温和，用灾难说解释似乎难以自圆其说。古蜀国消失在历史长河的真正原因至今仍是一个谜。

（六）器物埋藏坑性质

出土上千件文物的两个坑属何年代及什么性质？年代争论有商代说、商末周初说、西

周说、春秋战国说等，性质有祭祀坑、墓葬陪葬坑、器物坑等不同看法。

一号、二号坑的发现给我们展现了一段鲜为人知的古蜀文明，同时也为考古学者留下了非常广泛的研究空间。这两个器物埋葬坑，究竟是属于什么性质的遗迹。关于这个问题，学术界有诸多不同看法，直接反映在它的定名上，分别有祭祀坑、器物坑、葬物坑、窖藏坑、墓葬等不同说法。现今学术界比较主流的看法是祭祀坑。

同是认定祭祀坑这一说法又涉及祭祀的对象和方式等问题，学者也有着不同的意见。一说是为祭天、地、山川，认为两坑是古蜀人以

三星堆出土的太阳轮

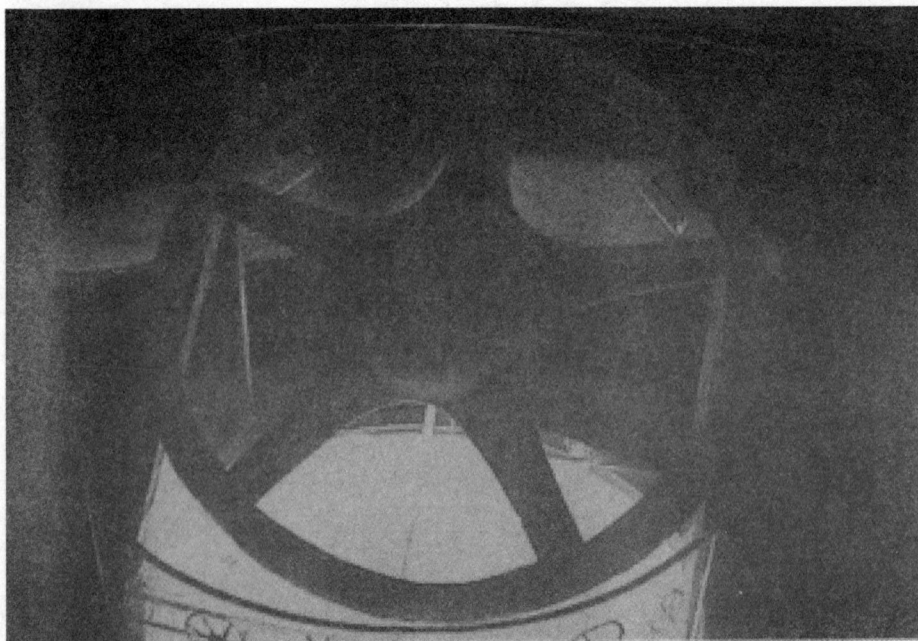

燔燎、瘞埋、血祭等方式组成合祭，来祭祀天、地、山川并迎神驱鬼的活动遗存。另一说法是仅仅祭天而不包括其他自然神祇。关于这两个坑的定性问题，由于没有明确的文献记载作为佐证，关于三星堆两个器物坑的性质的争论迄今仍未停止。无论如何，这些争论同时也反映了三星堆文明内涵之丰富多彩。

三星堆的发现引起了世界的关注

（七）文字或图画

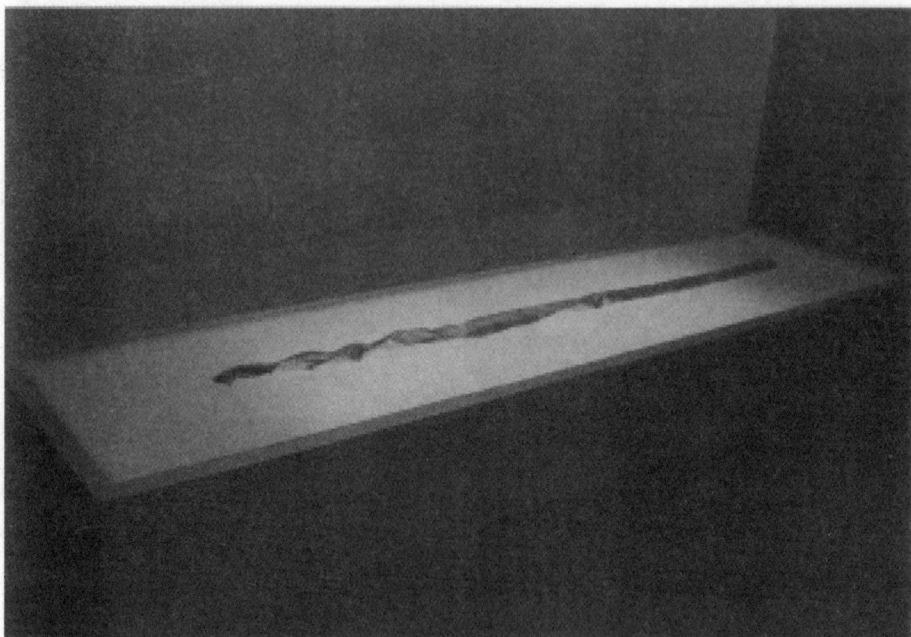

神秘的三星堆金杖

在祭祀坑中发现了一件价值连城的瑰宝——世界最早的金杖。其权杖之说已在学术界被大多数人认同，但所刻的鱼、箭头等图案却引起了一场风波。

一个民族必备的文明要素，三星堆都已具备，只缺文字。学者们对此的争论已有些历史，《蜀王本纪》认为古蜀人"不晓文字，未有礼乐"，《华阳国志》则说蜀人"多斑彩文章"。

至于金杖上的图案是图是文，仁智各见。有的专家已在试图破译，另一些专家则认为刻画的符号基本上单个存在，不能表达语言。不过，如果能解读这些图案，必将有助于三星堆之谜的破解。三星堆在文字方面尚存疑问，这也是它吸引人的地方之一。

考古专家在三星堆遗址没有发现可以辨识的文字，只发现了一些类似文字的神秘符号，这些符号同四川、重庆等地发现的符号一样，被称为晚期蜀文化的重大之谜"巴蜀图语"。三星堆出土的金杖等器物上的符号是文字，是族徽，是图画，还是某种宗教符号？一些专家认为，如果解开"巴蜀图语"之谜，将极大促进三星堆之谜的破解。

有专家认为，"巴蜀图语"在众多兵器上出现，绝非偶然。"巴蜀符号"既不是纹饰也不是文字，它应当是一种带有原始巫术色

三星堆出土的眼球明显凸出，双耳更是极尽夸张的青铜人像

彩的吉祥符号。将这种吉祥符号铸于兵器之上，其用意大概是佑护使用者，让使用者免于伤害，给使用者以力量和勇气，激励使用者奋勇杀敌。

考古专家杨剑和刘明芬提出，万物有灵、人神互通的宗教信仰是三星堆文化的重要特色，三星堆宗教祭祀活动充满了"萨满教"色彩。在晚期巴蜀文化的图形符号中，面具纹、神树纹、眼形器纹、手形纹、心形纹、璋形纹、戈形纹等，仍然带有"萨满教"的原始巫术色彩，这些符号不能一个符号、一个图形地宣读，只有当这些图形符号构成一组特定的"巴蜀图语"时，它们才有意义，并且这种意义只有当事人才能解释。

三星堆陶器纹图释

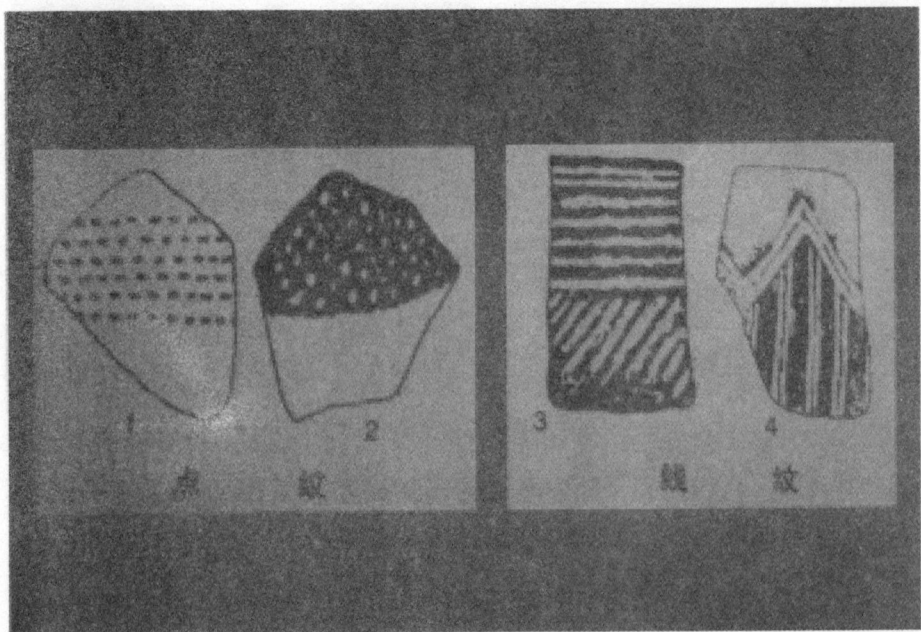

三星堆出土的青铜人头像轮廓

正在"苏醒"的三星堆古文明散发着越来越诱人也令人迷惑的气息。人们置疑，在这片千年黑土地下究竟埋藏着多少价值连城的珠宝玉器？三星堆专家日前告诉记者："发掘三星堆不是寻金挖宝，它的最终目的是帮助人们了解当时政治、经济的真实面貌，以便更好地研究中国的传统文化。"

三星堆世纪末的大发掘，考古专家用了有史以来最大的"力气"，呼唤沉睡中的古蜀文明：他们寻找古国宫殿、探索国王陵墓、甚至追寻象征古国权力的黄金头冠，这一切使包裹在层层谜团中的古国以其无比神秘的色彩引来了众人空前的关注。

考古专家陈德安透露，随着考古工作地深入，下个世纪的三星堆将从神秘走向科学，考古工作者将揭开其神秘的面纱。

21世纪三星堆研究不再只是考古部门的工作，它将是一个多部门结合、多学科参与的系统工程。地质学、环境、水文等学科都将在三星堆研究中占有一席之地。今后的发掘会更精细，研究会更深入，对已经发掘的文物加紧修复，并加强馆藏文物的保护。这些工作的开展将对解决一直困扰人们的三星堆青铜器矿料来源、三星堆文化消失的时期及原因等问题大有裨益。

三星堆出土的古蜀人物像

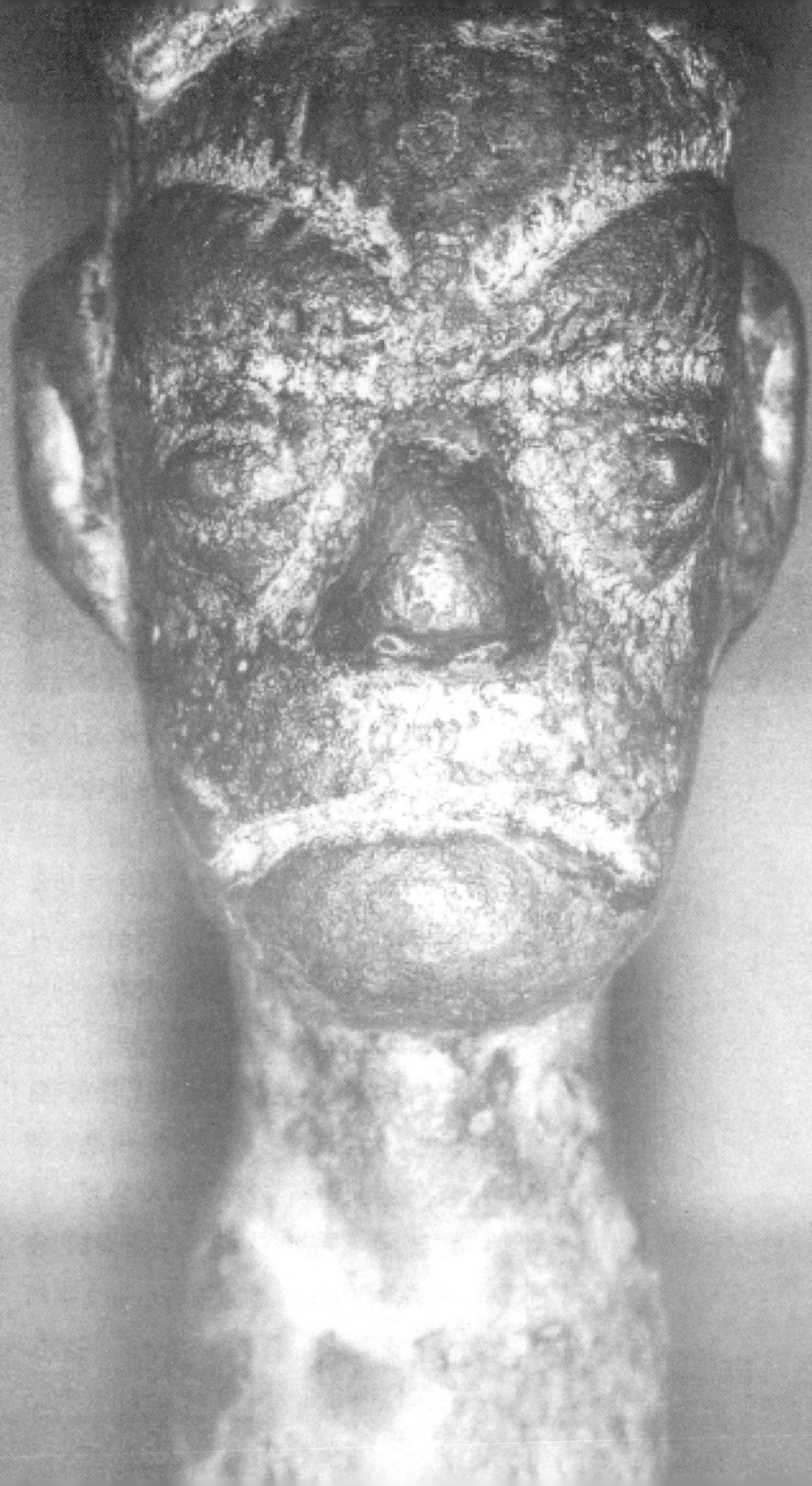

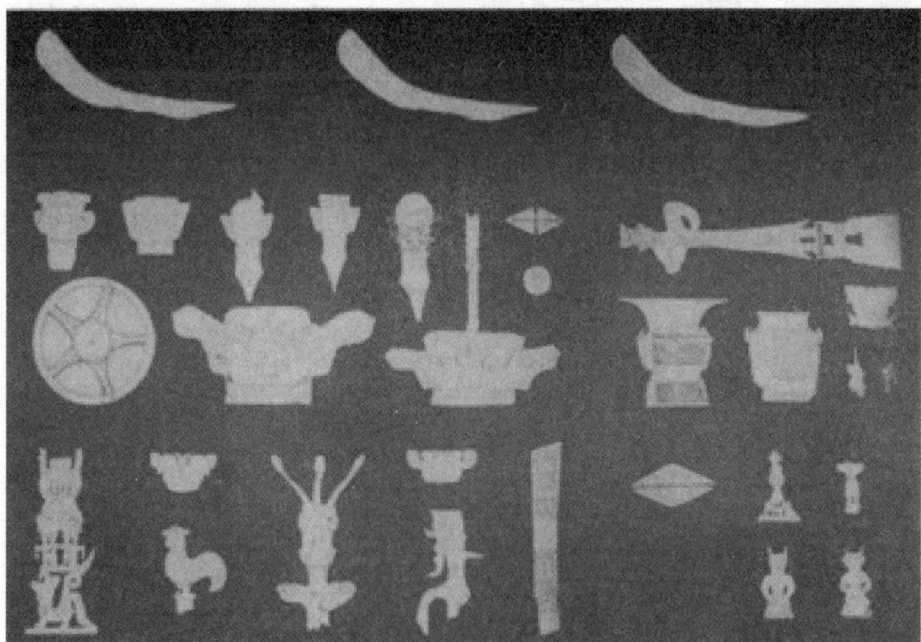

三星堆文物展

今后的三星堆将是一个由博物馆一点向各个遗址发掘现场延伸的整体，以此为中心来全面展示灿烂的古蜀文明。

四川省文物考古队队长王鲁茂说："让世人关注三星堆是件好事，但绝不能给人们一种误导：发掘三星堆是为了寻找宝贝。在发掘过程中宣传考古常识，让大家了解神秘而灿烂的三星堆古文化与发掘本身同样重要。"过去考古队从未在三星堆城内如此大规模地发掘，20世纪末这次考古行动引来了"内行"和"外行"两种眼光。一些人认为，只要把古城的地面全部掀开，"宝贝"就在下面等着你，根本不用如此缓慢而细致地敲打每一个文化堆积层。王鲁茂强调，这种看法是不正确的。发掘不是寻宝，而是根据探方中各文化层土质、土色的不同来识别不同时代的文化特色和内在联系。在文化层的发掘过程中一旦出现迷惑之处，我们将停下来仔细研究，然后再继续下一个文化层的发掘工作。

三星堆遗址的惊人发现是不会经常发生的。为了让世人进一步走近三星堆古文明，了解三星堆城内的古文化性质、结构和古城布局。这将是一个长期的、艰苦而浩繁的研究过程。尽管三星堆尚有许多未解之谜，但伴随着三星堆文物的影响与日俱增，对三星

三星堆出土的薄金面罩

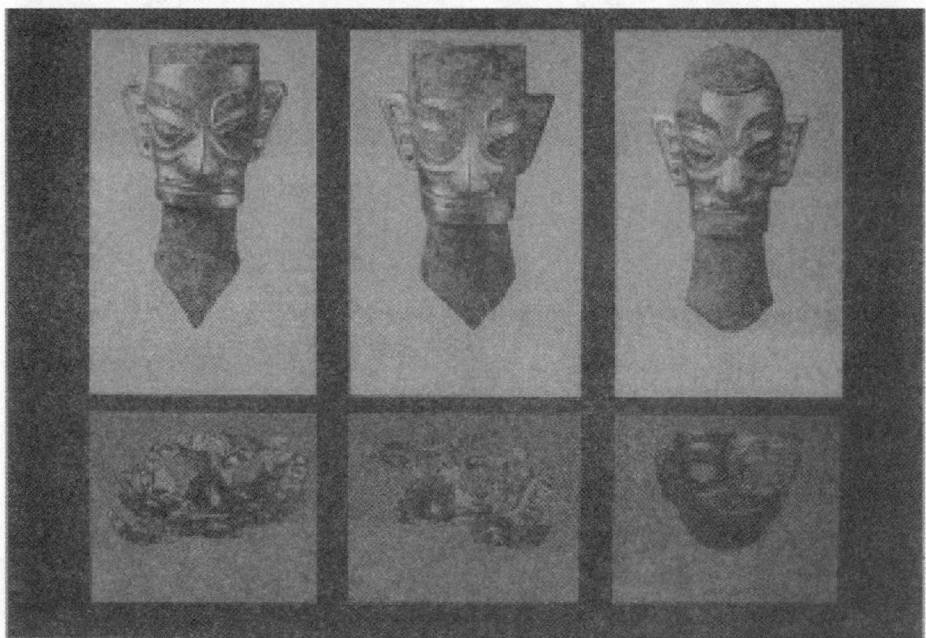

俯瞰三星堆博物馆全景

堆文化的研究渐成一门显学，我们相信随着对三星堆不断地发掘研究，谜底终有揭开的一天，神秘梦幻的三星堆古蜀国亦终将再现于世人面前，三星堆文物也必将以其无穷的魅力，闪耀出迷人的光彩。